365

Histoires

Illustrations de Carlos Busquets
Coloristes collaboratrices : M' Angeles Battle und M' López

Textes originaux de Joëlle Barnabé, Jean-Pierre Bertrand,
Jacques Thomas-Bilstein et Marie-Claire Suigne

HEMMA

1

Le nouvel an arrive

Quelle soirée ! Nous avons fêté la nouvelle année en famille, à la maison.
Maman avait préparé un délicieux repas et un dessert à s'en lécher les doigts.
Ensuite, papa a mis de la musique et on a lancé des serpentins…
À minuit, parrain a allumé des pétards. Puis, tonton Félix a appelé tous les enfants.
En cachette, il nous a donné du gui… Et devine ce que nous avons fait du gui ?
Nous sommes rentrés sur la pointe des pieds, comme des Indiens,
et avons offert le bouquet à notre maman. Dans les yeux de tous,
j'ai vu des larmes qui pétillaient… Moi, les miens me piquaient un peu,
mais c'était certainement la fumée des pétards.
Et la fête a continué jusqu'à 3 heures du matin !
On s'est amusés comme des fous…
mais j'ai été contente de me glisser
sous mes couvertures et de fermer les yeux.
Ce matin, nous nous sommes
levés à 11 heures !
Après notre toilette matinale,
nous irons souhaiter une bonne et
heureuse année à nos parents et
amis qui ne sont pas venus
chez nous hier soir…

Mais mon vœu le plus cher est
que les hommes cessent enfin
de penser à se faire la guerre.
Bonne année à tous !
Louise.

2 Le Petit Poucet

Il était une fois un bûcheron si pauvre qu'il ne pouvait plus nourrir ses sept enfants. Un soir, il dit à sa femme :
– Demain, je les abandonnerai dans la forêt. C'est la seule solution.
Mais le plus jeune des sept garçons, appelé Petit Poucet, avait tout entendu. Il alla remplir ses poches avec des cailloux blancs. Le lendemain, les enfants se retrouvèrent seuls dans la forêt ; mais le Petit Poucet, qui avait semé les cailloux tout au long du chemin, ramena ses frères chez leurs parents. Quelques jours plus tard, le malheureux bûcheron les perdit à nouveau, mais cette fois le Petit Poucet n'avait pas pu faire provision de cailloux pour retrouver son chemin. Étaient-ils vraiment perdus ?

3

Ils se mirent à marcher et arrivèrent devant un grand château habité par un ogre qui avait sept filles. L'ogre permit aux garçons de dormir chez lui, se disant qu'il les mangerait au petit matin. Les sept filles de l'ogre dormaient toutes dans un grand lit, une couronne en or sur la tête. Durant la nuit, le Petit Poucet retira les couronnes de la tête des filles et les posa sur celle des garçons qui dormaient aussi tous dans un grand lit. Pourquoi Poucet fit-il cela ?

4

Quand l'ogre voulut manger
les garçons, il sentit les couronnes. Il alla dans
l'autre chambre et, ne sentant rien sur les têtes,
il mangea ses filles. Au matin, les sept garçons
réussirent à sortir du château.
Le Petit Poucet emporta les bottes de sept lieues
de l'ogre. Ainsi, ils retrouvèrent bien vite
leurs parents. Chargé par les rois voisins de porter
très rapidement leurs lettres importantes,
le Petit Poucet devint vite très riche.
Grâce à lui, sa famille fut enfin heureuse.

5

L'Épiphanie

Il y a très longtemps de cela, dans un pays
lointain appelé la Palestine, trois Rois mages
marchaient en suivant des yeux l'étoile
du Berger… On leur avait annoncé
la naissance du roi des Juifs et ils voulaient
lui offrir des cadeaux : de la myrrhe,
de l'encens et de l'or.
L'étoile s'arrêta au-dessus
d'une humble demeure.
– L'enfant doit être là !
déclara le mage Balthazar.
– Ici ?… Mais…

6

Ce n'est qu'une étable ! protesta Melchior.
– Entrons ! décida Gaspard.
Et là, entre un bœuf et un âne, ils virent l'enfant qu'ils cherchaient. Joseph et Marie s'étonnèrent de la présence de ces riches visiteurs.
– Votre fils est le Messie ! expliqua Melchior. Il est le Sauveur du peuple d'Israël. Il est notre roi… Et les trois mages s'agenouillèrent devant le berceau de Jésus.
– Aujourd'hui est un jour de fête ! déclara Gaspard.
Cette fête est appelée l'Épiphanie.

7 Attention, ne pas déranger

Pour éviter les rigueurs de l'hiver, beaucoup de mammifères se cachent et s'endorment. Tu peux en trouver au grenier ou dans une grange, bien au sec. Le hérisson adore se rouler en boule dans la paille. On le croirait mort, mais il hiberne ! Rien ne le réveillera jusqu'au printemps. Il n'a ni soif ni faim. Quelle chance de pouvoir se reposer !

8

L'ours aussi dort tout l'hiver. Quand il est rassasié de bon miel, il se tapit au fond d'un trou. Avec son chaud pelage et son épaisse couche de graisse, aucun risque de prendre froid ! L'hermine, elle, n'hiberne pas, mais qu'elle est coquette ! L'été, elle est brune, mais l'hiver, elle revêt son plus beau manteau de fourrure blanche. Seul le bout de sa queue reste toujours noir. Elle peut mieux se confondre ainsi avec la couleur de la neige.

Une mauvaise idée 9

Matthieu est un petit garçon ingénieux qui n'aime pas se fatiguer. Il n'y a pas plus malin que lui pour se faciliter la vie. En promenade, il est toujours le premier à trouver un raccourci ou une idée pour éviter de trop marcher. Aujourd'hui encore, pour promener sa petite sœur en traîneau sans devoir la tirer, il a accroché une grosse corde au collier de Mowgli, le chien du voisin. Sarah est ravie...

10

Pour que Mowgli se tienne tranquille, Matthieu a dû lui donner tout le paquet de gâteaux que maman avait préparé pour le goûter.
– Allez, avance, maintenant ! dit-il au gros chien qui s'élance rapidement dans le chemin.
Tout va très bien dans la ligne droite.
Mais au premier virage, catastrophe !
La corde casse et les deux enfants se retrouvent par terre. Pas de chance pour Matthieu : à la place de Mowgli, c'est lui qui devra ramener le traîneau et Sarah jusqu'à la maison !

11

Freddy a bon cœur

Freddy a onze ans aujourd'hui…
Ses parents lui ont donné de l'argent pour s'acheter un « baladeur » et une cassette de son chanteur préféré… Il arrive devant le magasin, le sourire aux lèvres.
– Salut, Freddy ! lance une petite voix derrière lui.
Notre ami se retourne et aperçoit Manuel, un copain de classe.
– C'est mon anniversaire ! explique Freddy en agitant son argent.
Je vais m'acheter un « baladeur » et…

12

– J'ai eu douze ans avant-hier ! dit Manuel.
Et aucun cadeau…
Le cœur de Freddy cogne un peu plus fort.
Il regarde son copain et ne sait que lui répondre…
– Si tu veux, on partage ! Avec cet argent, on peut s'acheter deux paires de « baskets ». D'accord ?
– Freddy, tu es un véritable ami ! sourit Manuel. Mais que diront tes parents ?
Monsieur et madame Leroi apprécient la bonne action de leur fils et sont fiers de lui.

13 Le cheval-chaussette

C'est drôlement bien l'hiver quand il y a de la neige. Pierre et Laura en ont bien profité : ils ont fait de la luge et des glissades, ont construit un énorme bonhomme de neige et un toboggan de glace. Mais aujourd'hui, il fait froid et il n'y a pas de neige ! Pierre et Laura ont décidé d'inventer des jeux amusants. Suis leurs conseils…

Sais-tu que de vieux bas de laine ou de vieux gants peuvent être de merveilleux instruments de bricolage ? Cherche vite chez toi une chaussette qui n'est plus utilisée…

14

… Bourre-la de morceaux de tissu, de mousse ou d'ouate jusqu'à ce qu'elle se maintienne bien droite. Enfonce alors jusqu'au talon un morceau de bois, et fais un nœud autour de celui-ci fixé dans la chaussette. Ne dirait-on pas la tête d'un fier cheval sur lequel tu vas pouvoir galoper ? Il reste bien entendu à trouver un peu de ficelle ou de laine pour lui faire une crinière et à lui coudre deux boutons pour faire les yeux ou de la feutrine. Avec le même matériel, on peut fabriquer des marionnettes. Essaie !

15

En hiver, protège les oiseaux

Les oiseaux souffrent beaucoup du froid.
Ils n'ont plus rien à manger et l'eau est gelée.
Comment les aider ?
Si tu leur fabriquais une mangeoire ?
Prends une bouteille en plastique, enduis-la de colle et roule-la dans des écorces de bois ou dans de la mousse. Remplis-la de graines et suspends-la à une branche, le goulot vers le bas. Sous le goulot, installe une petite planche.

16

Tu verras : les oiseaux
ne tarderont pas à s'y ravitailler.
Mais il ne mangent pas
n'importe quoi !
Les mésanges adorent les graines, mais raffolent de margarine ; les moineaux, eux, préfèrent de loin les miettes de pain. Tu peux leur donner à boire, mais attention à la glace ! Pour éviter que l'eau ne gèle, verse dans un petit bol quelques gouttes d'huile. Tu peux aussi construire un nichoir. Un pot de fleurs est très suffisant. Agrandis le trou, au fond, et suspends-le à un arbre, pas trop près de la maison.

17

Quelques traces !

Par un bel après-midi enneigé, Jean-Pierre et Françoise partent en forêt. Ils suivent les empreintes des animaux dans la neige tendre.
– Oh ! regarde, un lapin est passé par ici, et là on reconnaît les sauts d'un lièvre, s'écrie Françoise.
Près de la rivière, Jean-Pierre a remarqué la présence d'oiseaux :
– Ces petits triangles sont les empreintes des canards aux pattes palmées.
Et là, un merle a sautillé ;
regarde ses petites traces régulières !

18 Gare au noir !

– Youpi ! Un rayon de soleil !
Marion est ravie. Cela faisait longtemps que ce coquin de soleil n'avait plus montré le bout de son nez. Mais Marion est aussi très distraite. Tellement contente de voir du beau temps, elle est sortie sans manteau dans le jardin. Ce n'est pas une chose à faire en cette saison. La voilà même partie en promenade jusqu'au bois…

– Coucou, Baron ! dit-elle au chien de madame Viroux.
– Viens-tu avec moi ? Le chien lui a tant fait la fête sur son passage qu'elle ne peut résister à l'emmener avec elle. Baron est un bon compagnon de promenade. Il a du flair et c'est heureux, car Marion n'a pas le sens de l'orientation.
Penses-tu que Marion se perdra ?

19

Dans le bois où se rend Marion, il y a un parcours de santé, avec de nombreux exercices de gymnastique. Marion adore ça. Avec entrain, elle progresse sans se soucier du temps qui passe et de la maison qui s'éloigne. Les jours sont plus courts en hiver. Au dernier exercice, elle se rend compte qu'il fait noir.
– Comment vais-je rentrer maintenant ?
Heureusement, il y a Baron ! Sans lui, jamais Marion n'aurait trouvé le chemin du retour !

20

Rien qu'un sourire...

La vieille Françoise marche à petits pas. À quatre-vingt-dix ans, c'est normal! Dans le quartier, on l'appelle Framboise et ça la fait sourire à chaque fois... Et quand elle sourit, ses pommettes remontent si fort qu'on ne voit presque plus ses yeux. Ce matin, Framboise rentrait de son marché, un panier en osier à la main et un parapluie dans l'autre.

«Quel temps!» pensait la vieille dame. Une rafale de vent fit s'envoler le parapluie. La pauvre Framboise essaya de le rattraper. Son panier s'ouvrit et les oranges roulèrent sur les pavés. La bande à Jojo passait justement sur le trottoir d'en face... Les jeunes garçons éclatèrent de rire en voyant les malheurs de la vieille dame.Que crois-tu que fit Jojo?

21

Jojo les fusilla du regard, traversa la rue et récupéra le parapluie. Puis, il ramassa les oranges et les replaça dans le panier de Françoise.

– Merci, mon petit ! dit-elle.

– Cela m'a fait plaisir, madame.

– Tout le monde m'appelle Framboise, dit-elle en souriant.

Jojo rejoignit ses copains sur l'autre trottoir.

René lui demanda :

– Elle t'a bien payé, la vieille ?

– Beaucoup plus que tu le crois...

– Combien ? fit Marco.

– Elle m'a souri, simplement.

22 La mésange

Minouche, la jolie mésange, met son écharpe et son bonnet pour s'en aller à la recherche d'un peu de nourriture. Hélas ! Une tempête de neige éclate brusquement.
– Que vais-je faire ? murmure-t-elle.
– Tu vois cette ferme ? lui dit le bouleau. Entre dans la grange, tu y seras bien au chaud.
– Et toi, que vas-tu devenir ?
– J'ai l'habitude ! répond l'arbre.
Minouche pénètre dans la grange où plusieurs oiseaux picorent déjà dans l'auge du cochon.
– Viens te joindre à nous ! dit l'un d'eux.
Salami, le porc, partage gentiment son repas avec ses nouveaux amis !

23 Les oranges

Chez nous, c'est l'hiver ; mais de l'autre côté de la terre, c'est la saison des oranges ? Que peut-on faire avec des oranges. D'abord, une petite expérience. Sais-tu qu'une tête d'épingle, placée à 8 mètres d'une orange équivaut, toutes proportions gardées, à la Terre par rapport au Soleil ? La belle forme ronde des oranges nous suggère aussi qu'on peut les utiliser comme des balles pour apprendre à jongler, par exemple. Si tu manges des oranges, tâche de les couper soigneusement en deux pour enlever délicatement leur pelure. Avec elles, tu fabriqueras de jolis lampions. Quelques gouttes d'huile dans l'orange évidée serviront de combustible. La tige blanche au centre sera la mèche.

24

Pour les gourmands,
il y a la délicieuse recette
des sucettes à l'orange. Il faut 12 petits
bâtons, du papier d'aluminium,
15 cuillerées à soupe de sucre fin et le jus d'une orange.
On prépare d'abord les bâtons, en les disposant
sur le papier d'aluminium légèrement huilé ;
puis on fait fondre le sucre dans le jus d'orange,
à feu doux ; ensuite, on remue :
si une goutte versée dans l'eau cristallise en deux
secondes, c'est fait et il suffit de verser
un peu de sirop sur les bâtons.

25 La neige et le gel et 26

Grâce à l'air que la neige emprisonne, elle est un excellent isolant. Les Esquimaux l'utilisent pour se protéger du froid et construisent des igloos. Mais beaucoup d'animaux vivent aussi à l'abri de la neige. Dans le sol, sous la neige, de nombreux insectes hibernent. Ils ne survivraient pas au gel s'il n'y avait, au-dessus d'eux, une épaisse couche de neige. L'étang est gelé, on va pouvoir aller patiner ! La glace, c'est de l'eau durcie par le froid. Dès qu'il fait zéro degré, l'eau se transforme en glace. Le gel est l'ennemi numéro un de la nature. Les canards, dès qu'ils sentent le froid venir, vont s'ébattre, espérant ainsi empêcher la glace de recouvrir l'étang. Mais leurs efforts sont souvent vains. Lorsque l'eau se couvre d'une épaisse couche de glace, les canards sont obligés d'émigrer vers le ruisseau, qui, lui, gèle plus difficilement.

27 Le loup, la chèvre et les sept biquets

Sept gentils biquets vivaient avec leur maman.
Celle-ci s'absentait souvent pour faire des achats.
– Surtout, n'ouvrez jamais la porte à un inconnu quand je suis sortie !
Un grand loup rôde dans les environs.
Un jour, le méchant loup vint frapper à la porte de la maison alors que Maman Chèvre était à la ville.
Que firent les biquets ?

28

Les biquets, obéissants, ne voulurent pas lui ouvrir la porte. Le loup se rendit chez un confiseur et acheta une grande boîte de chocolats, puis il revint pour les leur offrir.
Ceux-ci crièrent :
– Si c'est toi, maman, peux-tu nous montrer patte blanche ?
Le loup, déçu une fois de plus, s'en alla.
Mais il avait une idée. Il passa chez le meunier lui demandant de blanchir son pied droit avec de la farine. Ensuite, il retourna chez les biquets qui, voyant la patte blanche, crurent au retour de leur maman et ouvrirent la porte.
Le loup s'élança alors sur eux et les mangea. Quand Maman Chèvre revint, elle trouva sa maison en désordre. L'aîné de ses enfants sortit de la pendule dans laquelle il avait réussi à se cacher et lui raconta tout. Que décidèrent-ils alors ?

Ils partirent tout de suite
à la recherche
du méchant loup
qu'ils trouvèrent
endormi.
Maman Chèvre,
qui avait emporté
ses grands ciseaux,
une grosse aiguille
et du fil, ouvrit
le ventre du loup
et en fit sortir
ses six petits.
Puis elle y mit
des cailloux et
referma le tout.
Quand le loup
se réveilla, il se rendit
au puits voisin
pour y boire.
Il se pencha,
mais comme il était
très lourd, il tomba
dans le puits et s'y noya.
Personne n'eut
de chagrin.
Les biquets et
leur maman
firent un grand festin.

30 La cigale et la fourmi

Une cigale avait passé tout l'été à chanter jour et nuit. Puis l'automne était venu. Les nuits étaient devenues plus fraîches. Bientôt l'hiver fit son apparition. La bise soufflait sans arrêt et le gel persistait. La cigale n'avait fait aucune provision. Maintenant, elle avait faim et ses armoires étaient vides. Elles se souvint de la petite fourmi qui habitait juste à côté. Durant tout l'été, elle avait travaillé d'arrache-pied pour faire des provisions alors qu'il faisait si beau dehors. Son grenier devait être plein de bonnes choses à manger. Rien que d'y penser, la cigale en avait l'eau à la bouche. Oserait-elle se rendre chez la fourmi ?

31

N'y tenant plus, la cigale s'en alla frapper à la porte de la fourmi et lui demanda de lui prêter un peu de nourriture pour subsister jusqu'au printemps prochain.
Elle la paierait sans faute au mois d'août.
– Pas question, c'est non ! dit la fourmi d'un ton ferme. Que faisiez-vous durant tout l'été ?
– Mais je chantais, répondit la cigale.
– Vous chantiez, j'en suis fort aise, conclut la fourmi, eh bien, dansez maintenant !
Et elle referma la porte.

1 Jeux d'hiver

Il a neigé toute la nuit. Au matin, les enfants se rendent à l'école.
– Vous aurez le temps d'aller jouer après l'école ! dit le maître. Si vous êtes sages, je ne vous donnerai pas de devoirs.
Après la classe, les élèves se précipitent dehors et entament la construction d'un énorme bonhomme de neige. Didier, lui, veut faire de la luge.
« Pas tout seul ! », avait dit maman.
Mais le petit garçon s'élance sur la piste.
Sa vitesse augmente.
– Comment s'arrête-t-on ? crie-t-il en tirant inutilement sur la corde.
– Attention ! avertit Roger.
Les enfants s'écartent de justesse.
Comment ceci va-t-il se terminer ?

2

Didier et sa luge percutent le beau bonhomme de neige…
qui s'effondre !
– Maladroit ! s'écrie Bertrand.
– Tout est à recommencer !
se plaint Virginie en hochant la tête.
– Maman t'avait défendu de prendre la luge !
gronde Patrice.
– Ne dis rien ! intervient le grand Maurice. Cet accident lui aura servi de leçon, crois-moi.
Les enfants se remettent au travail et, cette fois, Didier participe à la construction du bonhomme de neige.

3 Jeux de mots

Anne-Sophie est une grande bavarde.
Mais aujourd'hui, c'est étrange, on ne l'entend pas.
– Mais qu'as-tu donc, Anne-Sophie ?
lui demande sa sœur Christine. Es-tu malade ?
Tu ne parles plus.
– Je m'ennuie, Christine.
Le ciel est gris dehors et je n'ai rien à faire.
– Comment, rien à faire ?... Eh bien moi,
je te propose un jeu pour toi qui aimes tant les mots. Connais-tu les charades ? On devine un premier mot, on lui ajoute un second, et avec les deux réunis, on fabrique un autre mot. Ecoute plutôt ceci : mon premier est le contraire de haut ; avec mon deuxième, on tricote ; mon tout est un animal qui vit dans la mer. As-tu deviné de quel animal il s'agit ?...

4

– Bas... laine... Oui, c'est ça :
la baleine. J'ai trouvé !
Encore, Christine !
Je commence à m'amuser.
– D'accord ! En voici une autre, un peu plus difficile cette fois. Mon premier est le cousin du cheval. Mon deuxième n'est pas intelligent. Mon troisième est le contraire d'un garçon. Mon tout n'est pas bien loin de moi pour le moment.
– Là, je ne comprends pas, Christine...
– Aurais-tu oublié ton prénom ? Âne... sot... fille...
Voilà ce qu'il fallait découvrir.
Je t'ai bien eue, pas vrai ?

5

Quel calme !

Croa ! Croa ! Croa ! Il règne sur les champs un silence absolu. Toute la nature semble prise par le froid. Seules les corneilles rappellent par leurs croassements caverneux qu'il reste un peu de vie dans ces étendues de terres gelées.

– Croa ! dit l'une d'elles. Aujourd'hui, il faut s'attaquer à ce tas de fumier. Il est sûrement truffé de larves et de vers. J'en raffole.

Avec ses copines, elle s'en donne à cœur joie, trépigne et gratte le fumier à s'en user les griffes.

– Il faut nous rassasier le plus possible, dit une corneille voisine.

Le ciel est gris, et je crois qu'il va neiger. Que mangerons-nous alors ?

– Eh bien, nous irons picorer dans les fermes, suggère une autre corneille.

6

– Oh, pas question ! objecte sa consœur. La dernière fois que j'ai mis les pattes dans une basse-cour, un vilain coq m'a attaquée. Nous irons plutôt dans les jardins.

Il se fait tard : les corneilles se rassemblent et rejoignent leur dortoir. Les unes au sommet d'une vieille tour, les autres, à la cime des arbres. Mais quel chahut ! Jusque bien tard dans la soirée, elles papotent. Certaines tournoient encore dans le ciel noir et importunent les chambrées voisines.

7

Cerfs, biches et chevreuils

En forêt, les animaux ont très faim ; ils ne trouvent pas de nourriture à cause de la neige qui a tout enseveli. Les arbres n'ont plus de feuilles. Les biches et les faons, en harde, parcourent des kilomètres à la recherche de quelque nourriture. Heureusement, le garde-chasse a installé une mangeoire au cœur d'une clairière. … Chaque matin, il y dépose quelques ballots de paille et de foin, ainsi qu'un bloc de sel qui sert à désaltérer toute la harde. Regarde le grand cerf, il dirige majestueusement toute sa famille : il porte sur la tête de grands bois qu'il perdra au printemps. Sais-tu ce qu'il deviendra ?

8

Quand il devient trop vieux, le cerf quitte la harde et vit en solitaire. Ne confonds pas la biche et le chevreuil! La biche est la femelle du cerf, le chevreuil est plus petit et habite les forêts aux sous-bois touffus, à proximité des prairies. Il raffole de jeunes pousses et de baies. On le reconnaît à la tache blanche qui encercle son arrière-train et, surtout, à ses sauts prodigieux. Si tu veux en voir un jour dans la forêt, surtout ne fais pas de bruit!…

Comment poussent les légumes !

9

Quelle chance ! Il ne gèle pas aujourd'hui. Pierre enfile sa veste et court vers le terrain vague où il espère retrouver ses amis. Malheureusement, il n'y a personne ; sauf monsieur Perée qui arrache les derniers poireaux de son potager.

– Vous avez l'air bien triste ? dit Pierre au vieux monsieur.

– Eh oui, petit ! répond celui-ci. Bientôt, nous ne pourrons plus profiter de ce terrain. Prochainement, un nouvel immeuble sera construit ici.

– Mais c'est affreux ! dit le petit garçon. Que vont devenir tous les nains dont vous m'avez parlé qui tissent les racines et sculptent les légumes en dessous de la terre ?

10

Très perturbé par ce problème, Pierre passe une mauvaise nuit.

Tôt le lendemain matin, il prend son vélo et se rend à nouveau au terrain. Une grosse grue à déjà commencé à retourner la terre. Attentif, le petit garçon observe les grands trous creusés dans le sol. Il ne voit rien ! Déçu et perplexe, il rentre chez lui. En chemin, il rencontre l'épicière et lui raconte son histoire.

– Je t'expliquerai comment naissent vraiment les légumes. C'est passionnant…

11

L'ours et les deux compagnons

Deux pauvres amis décident un beau jour de changer leur sort. Pour y arriver, ils imaginent un tas de projets. Le plus fou est justement celui qu'ils retiennent. S'adressant à un fourreur, ils lui vendent chèrement la peau d'un ours géant et superbe. Seulement, cet ours, bien vivant, court toujours dans la montagne. Le capturer est une fameuse aventure. Un beau matin, les deux amis partent à la recherche de l'ours. Tout à coup, ils le voient. Il est debout sur les pattes arrière, les babines retroussées. Pris de peur, les chasseurs s'enfuient. Le premier grimpe sur le seul arbre qu'il rencontre. Le second trébuche sur une pierre et s'étale.

12

Il reste immobile et fait le mort. Il sait en effet qu'un ours ne s'attaque pas à ce qui ne vit plus. L'ours s'approche de lui, le renifle et puis s'en va. Ouf, il a eu de la chance !

Son ami quitte son refuge et accourt vers lui. Il écoute, étonné, ce qu'il lui raconte.

– L'ours m'a parlé, dit-il.

– Oui, que t'a-t-il raconté ?

– Il ne faut jamais vendre la peau de l'ours avant de l'avoir tué.

Gênés, mais forts de la leçon, les chasseurs rentrèrent au village conter l'histoire au fourreur déçu.

13 La fête des amoureux

Hier soir, papa est rentré du bureau
avec un gros paquet bien emballé.
– C'est pour maman ! nous a-t-il dit tout bas.
Une surprise pour demain, mais attention,
c'est un secret !
Ce matin, au petit déjeuner, papa nous fait
un clin d'œil, puis déclare en s'adressant à maman :
– Oh, zut ! J'ai complètement oublié la Saint-Valentin !
Excuse-moi. Ce sera pour l'année prochaine… Bon ! Je vais me raser en vitesse.
Maman ne répond rien… mais on voit bien qu'elle est fâchée. Nous, nous mangeons nos céréales et nous nous lançons des regards complices en souriant.
Que va-t-il se passer ?

14

Papa revient dans la cuisine et dépose le paquet sur la table.
– Bonne fête, ma chérie !
Maman sourit, puis fait semblant de se fâcher.
– Tu m'as bien attrapée ! dit-elle. Et vous, petites canailles, vous étiez au courant !
– C'est quoi, la Saint-Valentin ? me demande ma sœur.
– La fête des amoureux ! Papa et maman s'aiment beaucoup, tu sais ! Mais qu'y a-t-il donc dans ce paquet bien emballé, petits amis lecteurs ?
C'est un secret !

15 Le Chat botté

Il était une fois un meunier très pauvre qui avait trois fils. Quand il mourut, le premier fils hérita du moulin, le second de l'âne et le troisième seulement du chat.
Le jeune homme dit alors à l'animal :
– Tu n'es qu'un chat, mais je ne t'abandonnerai pas.
En réalité, ce chat était un magicien et il répondit :
– Maître, je ferai ta fortune, attends-moi ici.
Et il s'en alla sur la route. Il rencontra un carrosse avec le roi et sa fille, la princesse.
Le Chat botté, richement vêtu, arrêta le véhicule. Que dit-il au roi ?

16

– Sire, je représente mon maître, le marquis de Carabas qui vous attend dans son château.
Puis le carrosse repartit. Tout au long du chemin, le Chat botté parla au roi des richesses de son maître, car, disait-il, tout ici lui appartenait. Arrivé devant un magnifique château, le Chat botté y pénétra seul. Il le savait occupé par un ogre doté de grands pouvoirs. Quand le chat vit l'ogre, il lui fit remarquer qu'il ne saurait jamais se changer en un tout petit animal. Comment allait réagir l'ogre ?

17

Fâché, l'ogre se changea immédiatement en une petite souris que le matou croqua en un instant. Bientôt, le roi et la princesse s'installèrent dans le beau château et le jeune homme, somptueusement vêtu, vint les saluer. La princesse trouva le marquis gentil, et le roi, ravi, accorda la main de sa fille à ce jeune homme charmant, beau et si riche. Le Chat botté vécut de très longues années, heureux, auprès de son maître reconnaissant.

18 Un beau lot

José est un petit garçon qui adore les animaux. Mais ses parents n'en veulent pas à la maison.

– Ça demande beaucoup d'entretien, un animal domestique, dit maman à José, tout triste.

Aujourd'hui, c'est la fête à l'école de José.

Á la tombola, il a tiré un bon numéro et a gagné un tout petit chaton tigré. Devant son sourire rayonnant, papa et maman fondent.

– Un chaton, ça ne demande pas beaucoup de soins ! explique José.

19 Déguisons-nous

Déguisements, lampions, chapeaux, serpentins… il y a beaucoup à faire pour le carnaval. Voici quelques idées d'accessoires amusants et faciles à réaliser : un sac-poubelle percé au fond, pour la tête, et sur les côtés, pour les bras, sera une parfaite robe de sorcière ; un faux nez crochu, un chapeau pointu plus un balai, et le costume sera tout à fait complet. À partir d'autres sachets en papier d'emballage, comme ceux que l'on trouve dans les grands magasins, il est aussi possible de réaliser des masques très originaux. Masques d'animaux, par exemple, si l'on perce deux trous pour les yeux et que l'on resserre les deux coins avec une ficelle pour faire des oreilles…

20

Si tu as beaucoup d'imagination, n'hésite pas à inventer un masque de monstre. Des gants de ménage en caoutchouc prolongés de grands ongles en carton et décorés au feutre indélébile feront de très belles mains de vampire. Même dans les objets familiers, on peut trouver de drôles d'idées pour se déguiser : ainsi, une passoire peut devenir un chapeau ; un couvercle de casserole, un bouclier ; un plumeau, une coiffe d'Indien… et ainsi de suite.

21

Lièvre, lapin et sanglier

Jean, le lièvre, et Jeannot, le lapin, n'ont pas grand-chose à se mettre sous la dent par un temps pareil. Ils ont beau remuer ciel et terre, pas de tendre luzerne, pas de bon sainfoin ! Brr ! En plus, il fait glacial ! Pour combattre un peu le froid, ils rabattent leurs longues oreilles sur le dos. Mais le meilleur moyen de se réchauffer reste la course. Jean est le champion des prairies : sa vitesse peut atteindre 60 km/h ! Il habite un gîte, un simple trou, peu profond, en plein champ ou, tout simplement, sous les buissons. Jeannot, le lapin, est plus petit et court moins vite. Il creuse dans le sol un terrier, dans lequel il abrite sa lapine et ses lapereaux.

22

Grr ! Grr ! Quel chahut ! Une famille de sangliers laboure littéralement le sol. S'il n'y a pas grand-chose à se mettre sous le croc, le sanglier ne se décourage pas pour autant. Accompagné de sa laie et de ses marcassins, il parcourt de nombreux kilomètres à la recherche de racines, de vers et d'insectes. Attention ! Ne le dérange pas, il pourrait être méchant. Le mâle possède deux longues défenses qui tranchent comme de véritables poignards. Dieu merci, il ne s'en sert que lorsqu'il est menacé !

23

Joyeux anniversaire

Cet après-midi, à l'école, nous fêtons l'anniversaire de Sandrine et de Jean-Luc…
Les mamans ont apporté des crêpes au sucre et nous avons aidé la maîtresse à dresser la grande table au milieu du réfectoire. Alors, nous commençons à chanter en l'honneur de nos deux amis :

– Bon anniversaire !
Nos vœux les plus sincères.
Que ces quelques fleurs
Vous apportent le bonheur.
Que la vie entière
Vous soit douce et légère
Et que l'an fini
Nous soyons tous réunis
Pour chanter en chœur :
Bon anniversaire !

24

Soudain, Élodie se met à pleurer.
– Qu'y a-t-il, ma chérie ? s'inquiète la maîtresse en se levant de table.
– J'ai mal aux dents ! Je ne pourrai pas goûter aux crêpes !
– Je mangerai ta part ! déclare tout de suite le gros Benjamin.
– La gourmandise est un très vilain défaut ! gronde madame Dubois.
Le garçon rougit puis propose :
– On pourrait emballer la crêpe d'Élodie…
Elle la mangera demain quand elle n'aura plus mal.
– Je préfère cette solution ! sourit la maîtresse.

Deux petits génies !

25

Pollux, le castor, est le plus génial bâtisseur de la nature. Il vit le long des rivières sauvages. Il n'est pas très adroit sur terre, mais c'est un excellent nageur. Il est à la fois bûcheron, ingénieur et maçon. La hutte qu'il bâtitsur la rivière est constituée de petits rondins de bois, maçonnés de boue. Pollux construit un véritable barrage sur l'eau afin de consolider sa maison. Il aménage même deux sorties, l'une sous l'eau, l'autre à même le sol. Malheureusement, le castor est un rongeur en voie de disparition dans nos régions. Il fut longtemps chassé pour sa viande et pour sa fourrure. De nos jours, il est protégé par la loi.

26

L'ami le plus sympathique de la nature, c'est l'écureuil. Il vit dans les conifères au sommet desquels il construit un petit nid ; ses petites pattes griffues lui permettent de grimper le long des troncs. Peu craintif, l'écureuil s'installe volontiers dans nos parcs et nos jardins.
Il se laisse même apprivoiser si on lui donne régulièrement à manger.
Mais c'est un grand distrait ! Il a beau stocker des provisions pour l'hiver, il oublie le plus souvent le lieu de ses cachettes…

27

Visite surprise

L'institutrice de Claire a décidé que sa classe irait aujourd'hui au musée d'histoire. Claire se réjouit, car c'est la première fois. Il paraît qu'il y a un squelette de baleine et des tas d'animaux empaillés. On prend l'autocar… Ça y est ! On est arrivés !

– Fantastique ! s'écrie Claire en voyant les grandes vitrines remplies de bêtes étranges, muettes et immobiles. Son ami Damien est un peu effrayé. Mais il n'ose rien dire devant les autres.

– Viens donc par ici, lui dit Claire. Il y a une drôle de petite salle qu'on n'a pas encore vue. On dirait des animaux préhistoriques. Quelle aventure les attend ?

28

Insouciants, les deux enfants s'écartent du groupe qui s'en va. Après un long moment, Claire se rend compte qu'il fait calme autour d'eux.

– On dirait que nous sommes seuls, dit-elle. Quelle heure est-il donc ? Oh ! Midi ! Mais le musée va fermer !

Effectivement, il n'y a plus personne. Heureusement, Damien a une idée : par la fenêtre des toilettes, il y a moyen de sortir…

– Ouf ! L'autocar est là ! On préfère tout de même la compagnie de nos copains à celle des baleines.

29 Bientôt le printemps ?

Si la nature est triste en hiver, c'est aussi parce qu'il n'y a pas de fleurs. Et sans fleurs, pas de couleurs ! Où sont donc les boutons-d'or, les jonquilles, les pâquerettes et les bleuets ? Il fait trop froid pour que ces fleurs puissent éclore. Mais sous terre, racines et bulbes s'apprêtent à qui mieux mieux à donner de magnifiques fleurs.
– Moi, je me vêtirai d'une superbe robe blanche et d'un énorme bouton jaune, dit la pâquerette.
– Oh ! Mais tu es loin d'être prête. Moi, mes pétales blancs viennent d'éclore à même la neige, dit le perce-neige. Je ne crains pas le froid.
Amandine et Nicolas n'entendent pas ces conversations de fleurs. La petite fille n'en revient pas : à cette saison, elle peut cueillir un bouquet pour sa maman. Sous terre, la jonquille reprend :
– Ne soyez pas si fières, mes amies. Chacune de nous sortira de terre au moment propice.
Mais de grâce, pas d'empressement. Suivez mon conseil.
Moi, je ne sortirai d'ici que lorsqu'il ne gèlera plus.
– Et moi alors ! se lamente le coquelicot, j'en ai encore pour toute une saison…
Du haut de sa branche, Noiraud, le merle, ne soupçonne pas ces querelles de fleurs.
Il répète lui aussi son numéro pour la grande fête du printemps.
Il y sera moqueur et s'exerce dès à présent, matin et soir, à ses vocalises.

1 Carnaval à l'école

Cette année, au carnaval, madame la directrice a organisé un concours de déguisements… Un public nombreux a pris place dans la salle des fêtes de notre école. Chaque spectateur élira les quatre meilleurs costumes : le plus beau, le plus original, le plus coloré et le plus amusant. Le défilé commence. Chaque candidat fait un tour de scène et rentre dans les coulisses. Tous les participants se réunissent une dernière fois sur la scène, puis le rideau tombe. Une demi-heure plus tard, madame la directrice proclame les résultats : quels seront les noms des gagnants ?

2

– Le plus beau costume est celui de Martine, la marquise ! Bravo !
– Le déguisement le plus original… Christophe, le clochard ! Félicitations !
– L'habit d'Arlequin de Stéphane est le plus coloré ! Magnifique !
– Dans la catégorie du plus comique, le clown de Julie !
Chaque vainqueur reçoit une médaille, puis l'animateur lance la musique. Les confettis volent… Les serpentins se déroulent… Les enfants dansent… Quel après-midi du tonnerre !

3 Le pic-vert et le geai

Toc ! Toc ! Toc ! Toc ! Qui est là ? Qui donc martèle les arbres de la forêt ? On dirait un marteau-piqueur ! C'est Finbec, le pic-vert ! Armé de son long bec pointu, il frappe l'écorce des vieux arbres pour en faire sortir les insectes. Il se régale surtout de fourmis. Savez-vous comment il s'y prend pour les attraper ? Il enfonce sa langue, longue et fine comme une ficelle, dans les aiguilles de sapin et les fourmis s'y engluent. Astucieux, non ? De surcroît, ce bel oiseau, au plumage vert-jaune et à la tête pourpre, se taille un superbe nid au creux des arbres morts.
Soudain, un cri effrayant a retenti à quelques pas de moi sous les feuillus.

4

Un geai ! C'est un peu le gardien de la forêt : il alerte tous les animaux de l'arrivée d'un danger. Mais je ne lui veux aucun mal, moi qui me promène paisiblement ! Puis, il s'envole gauchement, montrant son beau plumage strié de bleu, de blanc et de noir. Il se nourrit essentiellement de glands qu'il transporte au loin et qu'il oublie quelquefois, mais le vilain s'attaque aussi aux nids de ses amis et dévore les oisillons plus faibles que lui.

5 Blanche-Neige et les sept nains

Un roi, qui était veuf, se remaria avec une femme très belle et très méchante. Le roi avait une fille ravissante qui s'appelait Blanche-Neige. La nouvelle reine, qui était une sorcière, se mit à détester sa belle-fille. La méchante femme avait un miroir magique qui lui dit un jour que la princesse était plus belle qu'elle. La reine, furieuse, décida de faire mourir Blanche-Neige en l'empoisonnant. Mais la fille du roi, avertie de cette menace par un serviteur de la reine, s'enfuit dans la forêt. Elle y rencontra sept nains qui habitaient là. Elle vint vivre dans leur maison. Les sept nains l'aimaient beaucoup.

6

La méchante reine, qui avait retrouvé la trace de la princesse grâce à son miroir magique, prépara une belle pomme empoisonnée et, transformée en vieille femme, se rendit dans la forêt.
Elle y rencontra Blanche-Neige et lui offrit le fruit. La princesse en mangea et tomba immédiatement sur le sol, sans vie et toute pâle. Ses amis, les nains, la crurent morte et la mirent dans un cercueil en verre. Allait-elle y rester éternellement ?

7

Un prince, qui s'était perdu
dans la forêt, aperçut la princesse.
Il la trouva si belle qu'il voulut
s'en approcher et, soulevant alors
le couvercle de verre, il se pencha
pour l'embrasser.
Aussitôt, Blanche-Neige ouvrit
les yeux et lui sourit.
La princesse était sauvée.
Le poison n'était pas mortel.
Quelques mois plus tard,
les sept nains assistèrent
au mariage de Blanche-Neige et
du prince.

8 Le perroquet bavard

Madame Dufour a acheté un perroquet rouge et vert. Chaque jour, elle lui apprend des mots nouveaux et Grosbec les répète assez facilement. Un peu trop facilement, même...
Un jour, madame Dufour invite ses trois amies pour le thé et en profite pour leur présenter son perroquet. Madame Dufour le regrette bien, car Grosbec est tellement bavard que les dames ne peuvent plus placer un mot.

9 D'où vient le vent

Perrine vient d'être réveillée en sursaut. Elle tremble sous ses couvertures.
Un grand sifflement fait frémir les murs de la maison. Et si c'était le loup qui soufflait, comme dans l'histoire des trois petits cochons ? Ou alors, peut-être est-ce un énorme aspirateur ? Quelle horreur !
– Papa ! Maman ! crie-t-elle de toutes ses forces. J'ai peur ! Papa est là le premier. Il serre sa petite fille, qui s'accroche à son pyjama pour se rassurer.
– Qu'est-ce qui se passe ? demande-t-il.
– C'est ce bruit, répond Perrine. D'où vient-il ?

10

Ce n'est rien d'autre que le vent, répond papa de sa voix la plus douce. N'aie plus peur ! Tu sais, le vent peut être très utile.
Une fois, quand j'étais petit, je me promenais à la mer avec mon grand-père. Il me montrait la direction du vent grâce aux girouettes sur les clochers. Une heure après, je m'étais égaré en pleine ville. Sans les explications de grand-père et la découverte d'une girouette sur une église, je n'aurais jamais pu retrouver la direction de la maison.

11 Une journée à Binche

Les trottoirs sont noirs de monde.
Papa avait dit à Jérôme :
« Tu verras, fiston : à Binche, le jour du carnaval, c'est formidable ! »
Jérôme, tenant ses parents par la main, essaye de se faufiler entre les spectateurs qui se bousculent et s'amusent comme des fous.
Soudain, il entend la musique des gilles : les cuivres, les grelots, les tambours…
Heureusement, papa l'installe sur ses épaules. De là-haut, Jérôme peut, à son aise, admirer le défilé. Le garçon ouvre de grands yeux. Quel spectacle !
Les gilles avancent en faisant claquer leurs sabots.
Mais que portent-ils sur la tête ?

12

Leur chapeau, orné de plumes d'autruche blanches ou colorées, s'agite au rythme de la musique…
Des centaines d'oranges volent dans tous les sens et s'écrasent contre les murs ou les grillages protégeant les vitres des fenêtres…
Jérôme tend les mains : il aimerait montrer à ses camarades de classe une véritable orange de gille de Binche. À ce moment, un gille s'arrête, lui fait signe de la main et sourit. Jérôme a compris et hop ! attrape au vol l'orange qui lui était destinée. Quelle journée inoubliable !

13 Pierre est malade

Il pleut, le vent souffle en rafales. Pierre n'est pas allé en classe, car il a la grippe. Comme la journée lui semble longue sans ses copains ! Il s'ennuie tout seul : papa est parti au bureau et maman s'occupe du ménage. Il ne lui reste que Boudin, son chien, couché au pied du lit. Mais Boudin sait que son maître est malade : il se contente de le regarder et de lui lécher les mains de temps en temps.

– Personne ne viendra me rendre une petite visite ! gémit le garçon.

– Ne t'énerve pas ! répond sa mère en lui épongeant le front. Le docteur t'a recommandé de te reposer et de rester au lit. À ce moment, la sonnette retentit. Qui est-ce ?

14

Madame Dubois va ouvrir. Monsieur Leclair vient prendre des nouvelles de son élève :

– Comment va le malade ?

– Je m'ennuie, monsieur !

– Dans quelques jours, tu seras sur pied, mon garçon ! Tes amis m'ont demandé de te remettre cette lettre. Ils ont tous signé !

Pierre ouvre l'enveloppe et lit :

« Nous espérons que tu guériras très vite.
Tu nous manques beaucoup. »

Les yeux de Pierre se mettent à briller.
Est-ce à cause de la fièvre ?

Petite foire

15

Pêche aux canards, tir, jeux d'adresse. Faut-il vraiment aller à la foire pour pouvoir jouer à tout cela ? Bien sûr que non… quand on a un peu d'imagination ! Voici quelques idées. Pour les cannes à pêche, pas de problème : un bout de bois, un bambou ou un tuteur de plante servira de manche. On lui accrochera au bout une ficelle et un petit crochet (un trombone fera parfaitement l'affaire). Quant aux canards, ils peuvent être astucieusement remplacés par des boîtes de limonade prudemment vidées. Attention : on aura veillé à ce que l'anneau reste attaché à la boîte. Des petits lots si possible, et voilà un stand prêt pour le jeu !

16

Aimes-tu les jeux de lancer? Alors, on peut encore réaliser d'autres stands: tout d'abord, une caisse en carton percée d'un grand trou (la bouche d'un clown, par exemple) dans lequel il faudra viser avec une petite balle. Ensuite, des bouteilles dont il faudra encercler le goulot au moyen d'un anneau de rideau etc. Mets-toi donc au travail. Si tu es seul, c'est une bonne façon d'inviter quelques amis. Ce n'est pas tous les jours qu'on peut faire la fête à la maison!

17

L'éveil du printemps

Et si nous allions au bois ? Les arbres n'ont pas encore de feuilles, mais sont garnis de petits bourgeons. Regarde ce noisetier : il porte des chatons dorés, de véritables bijoux ! Souffle légèrement dessus, et il s'envolera un petit nuage de poussière d'or : le pollen. Quel merveilleux tapis de fleurs sur le sol ! Elles s'empressent de fleurir tant que les arbres dégarnis laissent filtrer les rayons du soleil. Oh ! là, une renoncule, appelée aussi bouton-d'or, en raison de sa jolie fleur jaune. Et ici, une primevère, la reine du printemps. Et puis, dans la clairière, toute une famille de violettes… On pourrait déjà faire un merveilleux petit bouquet pour maman !

18

Ouille ! Ouille ! Ouille !
Que ça fait mal ! De véritables petites billes toutes blanches claquent sur les toits et roulent sur le sol. Ce sont les giboulées de mars ! Elles arrivent, comme ça, aux moments les plus inattendus, par surprise. Elles sont portées par un vent glacial et ne s'abattent, heureusement, que quelques secondes, le temps de couvrir la nature au premier rayon de soleil. Vivement une éclaircie…
En tout cas, avec les grêlons, on sait que l'hiver est bel et bien parti…

Surprise à l'étang...

19

Que se passe-t-il à l'étang ?
La glace a fondu et toute une vie renaît. Croa ! Croa ! Monsieur et madame Grenouille sont tout joyeux et font de périlleux plongeons.
– J'ai pondu des milliers d'œufs, crie dame Grenouille, toute fière, à son mari.
En effet, un chapelet d'œufs tout frais flotte. Au centre de chaque œuf transparent, il y a le têtard, le petit de la grenouille.
– Dans quelques jours, dit dame Grenouille, chaque têtard quittera son œuf et nagera comme un poisson.
– Mais nous pouvons aussi sauter sur le sol, ajoute le mari.

20

– Oui, mais les têtards doivent apprendre à se débrouiller d'abord dans l'eau.
Ensuite, sais-tu ce qu'ils deviendront ?
– Bien sûr, dit papa Grenouille.
Nos petits perdront peu à peu leur queue qui leur sert de nageoire et nous ressembleront.
– Pas si vite ! Tu oublies que deux paires de pattes garnies de petites palmes remplaceront la nageoire.
– Ah oui ! Alors, ils pourront sortir de l'eau et deviendront comme nous de véritables amphibiens, aussi à l'aise dans l'eau que sur la terre.
– En attendant, conclut dame Grenouille, veille bien à ce que les oiseaux ne viennent pas dévorer nos œufs.

21 Le printemps

Le printemps est là !
Finies, les rigueurs de l'hiver !
L'air est plus doux, le soleil nous chatouille timidement le visage. La nature entière change de décor et troque son manteau blanc tout pelé contre une redingote flamboyante et multicolore. Les oiseaux se réveillent d'un long silence et chantent à tue-tête le retour du printemps. Il y aura nourriture en abondance pour toute la famille qui bientôt s'agrandira. Les fleurs s'épanouissent en un clin d'œil. Les bourgeons poussent aux arbres et leur donneront vite une nouvelle ramure. Et puis voilà notre paresseux hérisson qui bâille à s'en décrocher la mâchoire et hume l'air printanier…
– Quelle heure est-il ? J'ai tant dormi…

22 Jacques et les haricots magiques

Un petit garçon appelé Jacques vivait à la campagne avec sa maman. Un jour, elle n'eut plus d'argent et demanda à son fils d'aller vendre leur unique vache à la ville. En chemin, Jacques rencontra un acheteur qui lui donna trois haricots magiques en échange de la vache. La maman de Jacques était catastrophée ! Échanger leur unique bien contre trois haricots ! Jacques crut quand même en leur pouvoir magique. Le garçon planta les haricots devant sa maison et, très vite, ils devinrent une énorme plante s'élevant jusqu'au ciel. Jacques décida d'escalader cet arbre étrange. Il commença sa montée.

23

Il monta jusque dans les nuages, où il découvrit un fantastique château. Il quitta ses haricots, se dirigea vers une porte qui était ouverte et il entra. Il arriva dans une salle à manger où un ogre prenait son repas. L'ogre était effrayant à voir. Quand il eut fini de manger, il s'occupa d'une petite poule blanche couchée près de lui sur un coussin. C'était une poule aux œufs d'or. Puis l'ogre s'endormit dans un fauteuil. Jacques s'empara rapidement de la petite poule et que fit-il ?

24

Il courut rejoindre les haricots magiques. Mais l'ogre avait entendu du bruit et s'était lancé à sa poursuite. La descente fut rapide. Arrivé sur le sol, Jacques s'empara d'une lourde hache et se mit à abattre l'arbre magique. L'ogre tomba et se tua. Maintenant, les mois ont passé. La petite poule blanche pond chaque jour un œuf en or. Jacques et sa maman n'ont plus de souci à se faire.

Jeux d'intérieur

25

– Toujours pas de soleil.
On s'ennuie à rester
tout le temps à l'intérieur…
– Qu'est-ce que j'entends ? Et le jeu des petits pois ? Et celui de la queue de l'âne ? Peut-être avez-vous oublié ou alors ne les connaissez-vous pas ? Je rappelle comment on joue. Pour le jeu des petits pois, il faut, par personne, dix petits pois cassés, deux soucoupes et une paille. Le jeu consiste à faire passer le plus rapidement possible les petits pois d'une soucoupe à l'autre, en les aspirant avec la paille. C'est un concours d'adresse et de vitesse dans lequel, avec un peu d'entraînement, on devient vite expert.

26

Le jeu de la queue de l'âne demande un peu plus de préparation. Il faut d'abord dessiner un âne sur du carton que l'on fixe ensuite sur un mur. Quelques brins de laine assemblés feront office de queue. Les joueurs doivent, à l'aide d'une punaise, parvenir à bien placer la queue de l'âne au bon endroit du dessin. Mais la difficulté, c'est que cela doit se faire les yeux bandés !
Et, croyez-moi, quand on a un foulardsur les yeux, ce n'est pas très facile de viser juste ! On a des résultats surprenants.

27 Drôle de docteur

Aujourd'hui n'est pas un jour comme les autres : il y a une fête costumée à l'école, l'après-midi. Malheureusement, Laurent se sent un peu bizarre. Il a chaud en haut et froid en bas. Ses joues sont trop roses. Il veut tout le temps éternuer. Pas de doute, il doit être malade.
– Oh non ! se dit-il. Ce n'est pas possible ! Ça ne peut pas aller comme ça ! Il faut à tout prix que je guérisse immédiatement. Comment faire ? Maman ne doit rien savoir. Il faut que je me débrouille tout seul. À la télévision, Laurent a déjà vu que, chez les Indiens, les sorciers fabriquaient des potions miraculeuses avec lesquelles les malades guérissaient vite.
– Si j'essayais, se dit-il.

28

Sans faire de bruit, Laurent descend alors dans la cuisine. Il ouvre les armoires, sort tout ce qui lui paraît bon : du miel, de la cannelle, du sirop, de la confiture, du cacao et bien d'autres choses encore. Puis, dans un grand bol, il mélange cette étrange mixture. D'un coup, il avale tout. Au bout d'un moment, des crampes au ventre se font sentir.
– Aïe ! Aïe ! Aïe ! dit Laurent. Je croyais que c'était comme ça qu'on fabriquait les médicaments. Vite ! Appelons maman… et le docteur !

Jouons à la marelle

29

Madame Delcour a profité de cette belle matinée pour nettoyer les dalles de son trottoir. Elle est fière de son travail.
– Voilà une bonne chose de faite ! se dit-elle. Maintenant, il y a de la lessive qui m'attend.
Quelques minutes plus tard, Nadine, Laurent, Laura et Alain arrivent en sautillant. Ils n'ont pas classe aujourd'hui et il fait beau temps.
– Si on jouait à la marelle ? propose Laura. J'ai de la craie !
– Et moi, quatre palets ! ajoute le petit Laurent en fouillant ses poches.
Les deux filles tracent les lignes à la craie sur le trottoir. Que font les garçons ? Les garçons discutent des palets.

30

– Qui commence ? demande Nadine.
À ce moment, madame Delcour sort de sa maison et ouvre de grands yeux…
Les enfants comprennent et baissent la tête.
Que va-t-il se passer ?
– Ce n'est pas très grave ! sourit la brave madame Delcour. Vous pouvez jouer !
– Merci beaucoup, madame ! répondent les quatre enfants. Nous nettoierons votre trottoir.
– Ça, mes enfants, pour une bonne idée, c'est vraiment une bonne idée !

Le corbeau et le renard

Un grand corbeau était très fier. Pendant des jours, il avait surveillé le marchand de fromages. Il en avait des dizaines, de toutes les formes. Maître Corbeau, profitant de l'absence du commerçant, avait bien vite emmené celui qu'il convoitait. L'oiseau se tenait droit sur une haute branche d'un arbre. Il rêvait au bon repas qu'il allait faire et tenait le fromage dans son bec. Là, sur le sol, un renard s'avançait sans bruit. Il avait senti l'odeur du fromage. Il avait très faim, n'ayant rien mangé depuis trois jours. Le renard était rusé.

31

– Bonjour, monsieur le Corbeau,
dit-il d'une voix douce.
Que vous êtes beau !
Votre plumage est magnifique.
Mais vous ne dites mot.
Votre voix doit sûrement être
belle et grave.
Le corbeau avait tout écouté,
tenant toujours son repas dans son bec.

Le renard, si gentil, voulait l'entendre
parler, quoi de plus simple.
Il ouvrit donc le bec et…
laissa tomber son fromage.
Le renard, sous l'arbre, le prit aussitôt
et s'en alla bien vite
le manger dans un endroit tranquille.
Le flatteur vit aux dépens
de celui qui l'écoute.

1

Poisson d'avril

Le premier avril, c'est bien connu, c'est le jour où l'on fait des farces. Pierrot le sait bien. Mais ce qu'il invente n'est pas toujours très drôle. La dernière fois, il avait voulu peindre en bleu les poissons rouges ! Il y avait de l'encre partout et heureusement que papa était là pour sauver de justesse les pauvres poissons !
Carole et Sophie, les petites sœurs de Pierrot, ont toutes deux de très mauvais souvenirs des blagues qu'il leur a faites.
Aujourd'hui, elles ont décidé de lui jouer un tour à leur façon. Pierrot est très gourmand, tout le monde le sait, il adore particulièrement les gâteaux. Parions qu'il aura une curieuse surprise…

2

Depuis plus d'une heure, Carole et Sophie sont enfermées dans la cuisine et préparent leur gâteau surprise.
Pierrot est impatient.
– Aurez-vous bientôt fini ? crie-t-il.
– Voilà ! Voilà ! répondent-elles.
Et devant Pierrot, sur la table, elles déposent un gros gâteau.
Il est si appétissant que Pierrot ne peut se retenir : il veut tout de suite en couper un gros morceau.
Mais que se passe-t-il ? Impossible de couper ?
C'est que le gâteau, Carole et Sophie l'ont fait en plâtre. Quelle déception pour Pierrot !

Élise va à Rome

3

« Tous les chemins mènent à Rome », dit le proverbe… Mais pour Élise, la petite cloche, les choses ne sont pas aussi simples. Elle a quitté son village avant-hier et a déjà perdu sa route.
– Excusez-moi, madame l'hirondelle, je voudrais me rendre à Rome…
– Volez à l'est ! explique l'aimable volatile, passez au-dessus des Alpes et vous arriverez en Italie… Ensuite, c'est tout droit jusqu'à Rome.
– Merci et bon voyage ! dit Élise.
La cloche reprend son vol en suivant les indications de l'hirondelle.
– Voilà déjà la montagne ! pense-t-elle. Que c'est haut ! Heureusement que je n'ai pas le vertige… Mais, il y a encore de la neige, par ici ! Et plus on monte, plus il fait froid ! Arrivera-t-elle à destination ?

4

Élise franchit les crêtes enneigées.
– Atchoum ! éternue notre amie. Je m'en doutais ! J'ai un rhume !
En passant dans la vallée, Élise s'empare d'une écharpe qui séchait sur un fil : elle ne veut pas attraper une bronchite.
Finalement, la petite cloche arrive à Rome pour faire sa provision d'œufs en chocolat.
– Vous êtes la dernière ! lui fait remarquer le magasinier.
Dépêchez-vous d'emporter votre colis et repartez sans tarder… et sans vous perdre en route !

5 La poule aux œufs d'or

Il était une fois un fermier qui se lamentait constamment, car des poules ne pondaient qu'un œuf par jour. Il essaya d'abord de remplacer leur nourriture par des graines spéciales destinées à augmenter la production d'œufs, mais sans succès. Les pauvres poules faisaient tout leur possible ; cependant, il n'était jamais satisfait. Un matin, en pénétrant dans le poulailler, il vit briller sur la paille un bel œuf en or. Il avait une poule aux œufs d'or ! Il la prit immédiatement dans ses bras tout en se demandant s'il ne rêvait pas. Mais non, c'était vrai, la petite poule était bien vivante et elle lui était devenue très chère.

6

Il la sépara bien vite des autres pondeuses et l'installa dans un endroit calme et tranquille où elle serait à son aise. Il lui apportait continuellement à manger pour qu'elle ponde plusieurs œufs en or par jour. Sans cesse, il lui parlait, lui expliquant qu'elle devait absolument augmenter sa production. Il la soulevait à tout moment, fouillant dans la paille à la recherche d'un autre œuf en or. La petite poule était d'une nature patiente ; mais un beau jour, elle en eut assez. Que fit-elle ?

7

Elle n'avait même plus un moment de répit. Elle décida d'agir : finis, les œufs en or, ce serait un œuf normal par jour comme toutes les autres ! Le fermier entra alors dans une colère terrible, mais la petite poule ne céda pas. Suivant son exemple, les autres habitants des lieux réclamèrent gentillesse et douceur, menaçant d'une grève totale. La leçon a porté ses fruits. Depuis, le fermier traite beaucoup mieux ses poules. Il a compris qu'il ne faut jamais exploiter personne, surtout pas les plus faibles que soi.

8 Une vie de chien !

Yola est une petite chienne blanc et noir bien gâtée par ses maîtres. Mais toute la famille doit se rendre tous les jours au travail ou à l'école. Quand il fait beau, Yola préfère aller près de sa niche au soleil. Mais ce matin, voilà qu'il pleut et tout le monde est parti. Si elle avait su, Yola n'aurait pas demandé à aller à sa niche ! Alors, elle boude un peu. « Quand vont-ils enfin rentrer ? » se dit-elle bien à l'abri dans sa niche.

9 La distribution des œufs

Quel voyage ! Notre pauvre amie Élise, la petite cloche, est épuisée, mais elle est arrivée à temps ! Pourtant, elle a dû subir une tempête de neige au-dessus d'un col et rattraper au vol le précieux colis qui lui avait échappé…
Malgré tout, Élise a rejoint son joli petit village de Normandie. Durant la nuit, elle a déposé les œufs dans les jardins, puis a enfin repris sa place dans le clocher. Elle a dormi comme un loir…
Tôt le matin, le curé actionne la corde et Élise, docile, réveille les villageois en sonnant à tue-tête. Les enfants, un panier à la main, sortent en courant. Et que découvrent-ils ?

10

De tous les coins, on entend :
– Merci, les cloches ! Merci pour les œufs !
Élise, en voyant le visage radieux des enfants, oublie sa fatigue et les difficultés de son long voyage jusqu'à Rome… Les montagnes, la neige, les rafales de vent…
Tout cela n'est rien lorsqu'on peut lire la joie dans les yeux d'un enfant.
Petits amis, lorsque vous passez non loin d'une église, faites un sourire à l'adresse de la cloche suspendue tout en haut du clocher…
Cela lui fera certainement plaisir.

11 Nids et nichées

Chip ! Chip ! Chip !
Quel va-et-vient au buisson !
Que se passe-t-il ? Une jolie mésange charbonnière sautille gaiement sur la pelouse, à la recherche de petits vers. Allons voir de plus près ! Au cœur de l'arbuste, bien à l'abri des curieux, protégé par les épines, un nid tout rond et tout douillet, confectionné de petites branches et de plumes ! Maman mésange s'est effrayée à ton approche : elle couvait quatre magnifiques œufs tout tachetés de rose. Mais attention, il ne faut pas déranger la famille plus longtemps, et surtout ne pas prendre les œufs ! Reviens dans quelques jours et tu admireras le spectacle : quatre oisillons, le bec grand ouvert, se feront dorloter par leurs parents !

12

Très curieux, les nids !
Il y en a de toutes les sortes : des ronds, des haut perchés, des terrestres…
Par exemple, sais-tu que la poule d'eau se construit un nid flottant ? Le pic-vert, lui, creuse sa maison dans le tronc des arbres ! L'hirondelle fait un nid de boue sous les gouttières et parfois s'installe carrément à l'intérieur des étables ! Au printemps, tous les oiseaux construisent ou aménagent leur nid. Nombreuses sont les espèces qui reviennent nicher au même endroit, et parfois dans le même nid.

13

Le potager de Gilles

Le vieux Gilles s'est cassé le pied la semaine dernière... Cela le désole beaucoup : il ne peut plus travailler au jardin...
Tina, Rosalie et Samuel en discutent justement.
Approchons-nous et écoutons ce qu'ils racontent...
– J'aimerais rendre service au vieux Gilles ! commence Tina.
– Il est si gentil avec nous ! ajoute Samuel. Il avait réparé mon vélo !
– Puisque nous sommes en vacances, pourquoi ne pas lui proposer notre aide pour nettoyer son potager ? déclare Rosalie.
– Et si on lui faisait la surprise, plutôt ? enchaîne Samuel.
– Bonne idée ! approuvent les filles en souriant. On y va ?

14

Les enfants se mettent aussitôt au travail... Et deux heures plus tard, le travail est terminé. Alors les trois amis, tout sales, sonnent chez le vieil homme. Gilles, en grognant, se lève de son fauteuil, s'empare de ses béquilles et va ouvrir la porte.
– Nous avons une surprise pour toi ! disent les enfants. Viens voir !
Tout intrigué, le vieux Gilles les suit. Et quand il voit son potager, les mots se coincent dans sa gorge. Il serre contre lui les trois enfants fiers de leur bonne action.

Nature en fête

15

Ce mois-ci, la nature se fait belle. Elle s'habille de couleurs, de fleurs, elle se parfume… et si nous nous inspirions d'elle pour nous embellir, nous aussi ? En regardant bien autour de soi, on peut trouver mille idées de costumes, de bijoux et de jouets offerts par la nature : une jupe de fougères ou de feuilles de saule pleureur, un collier de pâquerettes, un bracelet de boutons-d'or, une perruque d'herbes séchées, une couronne de lierre. Les garçons préféreront peut-être fabriquer un arc avec une branche de noisetier et un bout de ficelle ou encore une lance, avec une branche taillée en pointe. Peu d'objets ont tant de qualités que ceux que nous créons nous-mêmes.

16

Quand le soleil colore les fleurs, nous avons, nous aussi, envie d'égayer notre visage. Il y a plusieurs façons de se maquiller : il ne faut jamais utiliser des stylos ou des feutres, bien entendu, ni les produits de beauté de maman, si elle n'en a pas donné l'autorisation. Si tu n'as pas de maquillage (de théâtre, par exemple) sous la main, pense à la nature. En utilisant deux blancs d'œufs battus appliqués sur ton visage, tu peux coller des feuilles ou des pétales et te faire un visage très gai et très coloré.

17

Minou et le coucou

« Ce petit oiseau m'énerve ! pense le chaton. La prochaine fois qu'il ose montrer le bout de son long bec, je le croque. »
Mais Minou ignore un détail très important : le coucou est fait de bois et ne sort de son nid que pour chanter les heures. Le temps passe et le chaton attend. Tic ! Tac ! Tic ! Tac !
Soudain, la petite porte de la pendule s'ouvre et l'oiseau apparaît :
– Coucou ! Coucou ! Coucou !
Minou s'élance aussitôt et… catastrophe ! La pendule dégringole et se brise sur le plancher. Plutôt que de croquer un oiseau, Minou reçoit une fessée bien méritée.

Peau d'Âne

18

Un roi était très triste, il venait de perdre son épouse qu'il aimait beaucoup. Il avait une fille qui ressemblait très fort à sa mère qui était morte. Un jour, il décida d'épouser sa fille qui lui rappelait tant la disparue. Mais la princesse ne voulait pas de ce mariage. Elle ne tenait pas non plus à dire non à son père. Elle en parla à sa marraine, la fée, qui lui conseilla de demander au roi une merveilleuse robe couleur de lune avant de l'épouser. Quelques jours plus tard, la jeune fille reçut une splendide robe couleur de lune. Le tissu très léger était entièrement brodé en fil d'argent. Un manteau semblable à un voile terminait la toilette. Allait-elle pouvoir faire un autre vœu ?

19

Toujours conseillée par sa marraine et voulant sans cesse reculer le jour de son mariage avec le roi, la princesse demanda alors une robe couleur de soleil. Bientôt une robe fantastique lui parvint. Tissée avec des fils d'or, cette robe resplendissait tel l'astre dont elle avait la couleur. Au moindre mouvement, le tissu brillait de mille feux. Une quantité infinie de petits grains d'or était parsemée sur le vêtement et une ceinture en or complétait l'ensemble. La princesse, désespérée, demanda alors à son père la peau de l'âne qui, chaque matin, faisait des pièces en or. Hélas, le roi n'hésita pas et le lendemain, la princesse reçut la peau demandée. Impossible pour elle d'épouser le roi : qu'allait-elle devenir ?

20

Elle ôta ses beaux vêtements, revêtit cette peau et quitta le palais. Elle trouva du travail comme servante dans une auberge. Un jour, un prince s'arrêta là et aperçut Peau d'Âne. Il remarqua ses belles mains fines. Le soir, par la fenêtre de sa chambre, il la vit sans cette peau. Elle était si jolie ! Il revint chaque jour à l'auberge et bientôt il lui demanda de l'épouser. Elle répondit oui. Le prince se rendit alors au palais royal où le roi, tout heureux de revoir sa fille, leur offrit une magnifique fête de mariage.

21 Une boîte... à surprise

Comme tous les jours, Élise sort de sa maison pour aller à la boîte aux lettres. Mais ce matin, une surprise l'y attend. Elle a senti, sous les enveloppes, quelque chose d'anormal.

– Ça alors ! s'écrie-t-elle. D'où viennent ces cinq petits œufs ?... Pas de doute : c'est sûrement une famille de mésanges qui a trouvé l'endroit idéal pour y faire son nid. C'est bien mignon, songe-t-elle, mais que dois-je faire ? Si elles restent, elles risquent d'être écrasées par le courrier ; mais, d'un autre côté, je n'ai pas le cœur de les faire déménager.

Après quelques minutes de réflexion, Élise se décide...

22

Dans la remise du fond du jardin, il y a une vieille caisse, quelques planches et des outils.

« Il n'en faut pas plus pour fabriquer une boîte aux lettres », pense Élise. Cela suffira en attendant la naissance des oisillons. Très prévoyante, Élise prend la peine de bloquer la fente de la première boîte aux lettres, en ménageant tout de même un espace pour les oiseaux.

« Monsieur le Facteur, attention ! affiche-t-elle encore. Ceci est une maison de mésanges !... »

23

Une hirondelle ne fait pas le printemps

Les hirondelles sont de retour ! Ce sont les messagères du printemps. Je les ai vues ce matin avec leur dos bleu métallique et leur belle gorge blanche. Comme elles sont courageuses ! Sais-tu qu'elles ont quitté l'Afrique et qu'elles ont traversé les mers.
Chaque année, elles reviennent nicher au même endroit, juste au-dessus de la fenêtre de ma chambre. Elles y ont construit un petit nid de boue séchée. Mais ne confonds pas l'hirondelle et le martinet. Tu reconnaîtras le martinet aux grands cercles qu'il forme dans le ciel.
Quand il vole haut, on dit qu'il fera beau, et quand il vole bas, qu'il pleuvra !

24

COUCOU!... COUCOU!... COUCOU!
Qui m'appelle au loin ? C'est le coucou en personne, un oiseau bien solitaire qui vit au fond des bois. Quand il se met à chanter, on dit qu'il fera beau... Mais le coucou est très paresseux ! Savez-vous qu'il ne se construit aucun nid ! Il préfère pondre dans le nid de ses amis. Qui va à la chasse perd sa place ! De plus, il ne couve pas ses propres œufs ! Il les confie à d'autres oiseaux qui élèveront ses petits. Est-ce pour cela qu'il passe le plus clair de son temps à chanter ?

Jardinage

25

– Il est grand temps de faire le potager, annonce papa. La terre s'est ramollie et on peut la retourner. Matthieu aide son papa à préparer les outils du jardin : la bêche servira à creuser le sol ; la herse et le râteau à l'égaliser. Une fois ce dur labeur accompli, il faut planter des graines.

– Qu'aimerais-tu comme légume, Matthieu ?

– Des pois et carottes, c'est ce que je préfère !

– Bien, mais il faudrait également planter de la laitue et des pommes de terre, ajoute son papa. Allons chez le grainetier sans attendre…

Matthieu et son papa plantent les graines qu'ils ont achetées. Comment s'y prennent-ils ?

26

Ils tracent de réguliers sillons dans la terre, sèment les graines et repiquent les plants de pommes de terre et de salades. Papa explique à Matthieu les différentes sortes de légumes :

– Il y a ceux qui poussent sous terre et ceux qui croissent à l'air. Les pommes de terre ou les carottes, que tu aimes tant, sont des racines. La laitue, des feuilles et les petits pois, des fruits.

– Quand est-ce qu'on pourra faire de la soupe ? demande Matthieu, impatient.

27 Rions et collons

Voici une façon très simple et très amusante d'occuper les journées du mois d'avril où il est préférable « de ne pas se découvrir d'un fil ». Procure-toi juste du papier, de la colle, des ciseaux et quelques revues, magazines ou dépliants. N'oublie pas de demander, avant, l'autorisation. Avec ce matériel, tu vas pouvoir réaliser des collages originaux. Le principe est de réunir des éléments découpés à des endroits différents et qui, « normalement », ne vont pas ensemble. Grâce au collage, on peut, par exemple, placer une vache sur un palmier ou un chameau sur une montagne. Un cheval peut avoir une tête de lion, ou un lion une tête de petit garçon…

28

Il y a plusieurs moyens d'embellir le montage en utilisant quelques petits éléments supplémentaires. Ainsi, pour faire un encadrement très joli et très personnel, tu peux utiliser des graines, du tissu, du riz, de la dentelle, des boutons, ou même des petits morceaux de spaghettis. Si tu veux conserver longtemps ton collage, fais attention à l'appliquer sur un support rigide. Plus ton image sera chargée, plus le support devra être dur. Maintenant, à toi de jouer… avec art, audace et humour !

Le lièvre et la tortue

29

Un jeune lièvre vivait à la campagne. Il était beau et agile. Il dédaignait ceux que la nature n'avait pas gâtés comme lui. Il s'amusait à se moquer des autres et ses propos étaient souvent méchants. Il s'en prenait régulièrement à une petite tortue.
– Tu n'as rien d'élégant, lui disait-il. Regarde donc tes pattes si courtes, ta petite tête et cette lenteur avec laquelle tu marches.
Un jour, la tortue en eut assez et lui reprocha ses moqueries continuelles.
– Tu crois que tu cours vite avec tes longues pattes ; mais les miennes, toutes courtes qu'elles sont, me portent aussi rapidement.

30

– Parions, reprit la tortue, je te battrai à la course. Le lièvre se mit à rire.
– D'accord, lui répondit-il, confiant dans sa vitesse.
Le renard fut nommé arbitre et la course commença. La petite tortue ne perdit pas de temps et se mit à marcher le plus vite qu'elle put. Le lièvre, méprisant un tel adversaire, s'était tout simplement endormi dans l'herbe. Il aurait tout le temps d'arriver le premier, se disait-il. Mais quand il se réveilla, la petite tortue avait franchi la ligne d'arrivée : rien ne sert de courir, il faut partir à temps.

MAI

La fête du muguet 1

– Le 1er mai, les hommes fêtent le travail en ne travaillant pas !
– Mais c'est aussi la fête du muguet ! dit Sophie, et je sais où en trouver…
– Où ça ? demande Laurent.
– Dans le bois du père Mathieu, bien à l'abri derrière les rochers ! Allons en cueillir… et nous le revendrons pour nous acheter des bonbons !
– Bonne idée ! approuvent ses deux frères. En avant !

Tous trois se dirigent vers la forêt et arrivent, très rapidement, à l'endroit découvert par Sophie. Sans attendre, ils se mettent à cueillir les brins de muguet et les longues feuilles vertes et luisantes. De retour à la ville, ils vont de porte en porte pour vendre les fleurs. Une heure plus tard, tout est vendu et les enfants ont récolté beaucoup d'argent ! Éric, Sophie et Laurent se rendent alors chez l'épicier et admirent les bonbons placés à l'étalage.

– Merveilleux ! apprécie Laurent.
– Mais, comme dit le maître, c'est plein de colorants ! ajoute Éric.
– Oui ! soupire Sophie. Alors, payons-nous un abonnement à la piscine…
– C'est bien meilleur pour la santé ! répondent ses frères en souriant.

2 Les trèfles à quatre feuilles !

Le petit Félix avait entendu dire que les trèfles à quatre feuilles portent bonheur. Depuis, le garçon les recherchait sans cesse dans les prés du voisinage.
– Que fais-tu, Félix ? lui demanda une vieille vache brune.
– Je cueille des trèfles à quatre feuilles. Ils portent bonheur !
– J'en ai mangé souvent, tu sais, et cela ne m'a jamais porté chance. Au lieu de perdre ton temps le nez dans l'herbe, tu ferais mieux d'aider ta maman qui a beaucoup de travail à la ferme… Tu lui apporteras ainsi beaucoup de joie. Félix réfléchit quelques instants puis suivit les conseils de Brunette. Il ne le regretta jamais.

Les trois petits cochons 3

Trois petits cochons avaient, chacun, une petite maison. Le premier l'avait construite en paille. Elle était peu solide. Il avait eu très vite fini, car il n'aimait pas travailler. Le second avait une maison en bois. Elle était plus solide, mais comme il n'aimait pas non plus travailler, il s'était contenté de coller toutes les planches sans même les clouer. Le troisième vivait dans une maison en briques. Il avait mis des jours pour la construire. Les murs étaient épais et solides, les fenêtres fermaient bien et la porte d'entrée était pourvue d'une bonne serrure. La maison en briques était très résistante. Les deux premiers petits cochons se moquaient très souvent du troisième.

4

« Tu ne penses jamais à t'amuser ? lui disaient-ils. Nous, nous chantons et dansons toute la journée, c'est bien plus agréable que de travailler. »
Un jour, un loup arriva. Les trois petits cochons se mirent à l'abri dans leur maison. Le loup s'approcha d'abord de celle en paille et commença à souffler sur les murs qui s'envolèrent très vite. Le premier petit cochon courut demander asile à son frère dans la maison en bois. Le loup allait-il s'attaquer à celle-ci aussi ?

5

Mais oui, et les deux petits cochons avaient terriblement peur. Ils réussirent à s'enfuir et à se réfugier dans la maison en briques. Le loup, fâché, s'en prit alors à la troisième maison, mais en vain. Son propriétaire avait bien travaillé.
La maison résista et le loup dut repartir bredouille. Les deux premiers petits cochons reconnurent qu'ils avaient eu tort de se moquer ainsi de plus courageux qu'eux. Ils se mirent à construire une maison bien solide. Le loup ne revint plus.

6 De la chenille au papillon

Oh ! Mais quelle est cette jolie fleur qui s'envole ? Ce n'est pas une fleur, c'est un papillon ! Il y a quelques mois, le papillon n'était encore qu'une chenille, un étrange petit animal tout velu. Pour éviter le gel, la chenille s'est transformée en chrysalide et a passé tout l'hiver accrochée à une branche d'arbre. Aujourd'hui, le beau temps est revenu, le magnifique papillon déploie ses ailes et peut sortir de son enveloppe. Le vois-tu se nourrir du nectar des fleurs ? À son tour, la maman papillon pondra des œufs au creux des orties. Ses œufs se transformeront en chrysalides et, enfin, en papillons...

7

Si on allait à la chasse aux papillons ? Pour cela, tu as besoin d'un filet accroché au bout d'un manche, et d'un bocal que tu recouvriras d'un couvercle percé de trous. Approche-toi lentement d'une fleur sur laquelle un papillon s'est posé et, hop !... Oh ! envolé ! Que c'est difficile ! Le papillon est très farouche. Si, malgré tout, tu parviens à le capturer, contemple ses magnifiques ailes, mais relâche-le aussitôt. Les papillons ont grand besoin de liberté et d'espace...

8

La fête de maman

Chaque année, au mois de mai, un dimanche, c'est la fête des mères. Papa, Jessica et Stéphanie offrent leur cadeau à maman et l'embrassent de tout leur cœur.
Seule Marion n'a rien à offrir : elle a acheté du chocolat avec tout son argent de poche !
Sans un mot, la fillette quitte la maison en réfléchissant au moyen de se faire pardonner son oubli... Ses pas l'entraînent dans les champs. Des vaches ruminent paisiblement ; le fermier et son chien conduisent les moutons vers les pâturages...
– J'ai une idée ! s'écrie Marion.
Elle se met immédiatement au travail et cueille un beau bouquet de fleurs dans les champs. Ensuite, Marion rentre chez elle en courant et s'enferme dans sa chambre.
Quelques minutes plus tard, elle retrouve sa mère à la cuisine...
Les mains derrière le dos, les yeux baissés et le cœur battant, la fillette lui explique :
– J'ai acheté du chocolat avec mes économies et j'ai oublié ta fête...
Elle s'approche de sa maman et lui offre son beau bouquet de fleurs.
– Je t'aime beaucoup, maman ! dit la petite fille d'une voix douce.
– Tu m'aimes plus que le chocolat ?
– Bien sûr ! sourit Marion, en la serrant très fort entre ses bras.
– Alors, je te pardonne, petite tête de linotte ! conclut sa maman.

Pirili, le petit oiseau

9

Pirili est un petit oiseau qui vit à la campagne. Un jour, il rencontre une mouette prétentieuse qui lui dit :
– Quelle pauvre vie tu as, Pirili ! Passer tout ton temps à voler d'arbre en arbre sans jamais voir autre chose. Moi, au moins, je connais la mer et les grands espaces...
« C'est vrai, pense Pirili en soupirant. Tant pis si papa et maman ne sont pas d'accord. Il faut que je m'en aille d'ici tout de suite. Je ne peux plus supporter cette vie monotone. »
Aussitôt dit, aussitôt fait. Tout fier, Pirili prend son envol et remonte la rivière, le fleuve... jusqu'à la mer.
– Quelle merveille ! s'écrie-t-il, ébloui et oubliant la fatigue du voyage.

10

Les premiers moment de Pirili à la mer sont fantastiques. Il trouve tout plus beau qu'à la campagne. Mais quand, fatigué, il cherche à se poser et à se nourrir, les ennuis commencent. Sur les conseils d'une mouette, il se pose d'abord sur le mât d'un bateau.
– Quelle horreur ! pense-t-il. Chez moi, les arbres ne bougent pas !
Puis il veut goûter du poisson.
– Poouâh ! fait-il, dégoûté. Jamais je ne pourrai en manger.
Tout compte fait, chez lui, il n'était pas si mal.

Luc et son jokari

11

Les grands-parents de Luc sont rentrés de vacances. Ils lui ont ramené un nouveau jeu : un jokari. Immédiatement, le petit garçon les remercie et décide d'aller montrer son jokari à ses copains...

Il se rend au parc où les enfants du quartier se retrouvent.

– Regardez ! s'écrie-t-il fièrement.

Mes grands-parents m'ont rapporté un jokari.

– Super ! apprécie Alain.

– On joue ? demande Sébastien.

– Ah, non ! répond Luc, sèchement. C'est mon jokari ! Vous n'avez qu'à me regarder...

Il dépose le bloc de bois sur le sol et déroule l'élastique.

Ensuite, avec une raquette, il frappe la balle.

12

Les spectateurs se lassent vite...

Un à un, ils s'en vont et finalement, Luc se retrouve seul. Alors, il comprend...

Il s'approche de ses copains et leur propose un tournoi :

– Nous sommes justement huit !

C'est l'idéal pour des quarts de finale.

– D'accord ! dit le petit Pierre.

– On va tirer au sort ! ajoute Serge.

– Dégagez la piste ! lance Antoine.

Les joueurs vont se rendre sur le terrain.

Quelle ambiance ! On se croirait à un tournoi officiel.

13 Magie du maïs

Voici une recette à l'image du mois de mai, où toute la nature s'ouvre et s'épanouit. Il s'agit de la recette du maïs grillé, du « pop-corn ». Il faut de l'huile, des grains de maïs. Comme par magie, sous l'effet de la chaleur, tu vas voir
les grains se transformer, gonfler et… sauter ! Pour ne pas qu'ils volent dans toute la cuisine, il est indispensable de mettre un couvercle sur la poêle pendant l'éclatement des grains de maïs. Quand tous les grains sont gonflés, sucre-les. Le pop-corn, non seulement c'est bon, mais c'est aussi très décoratif. Tu vas comprendre…

14

Prends une paille verte d'environ 15 centimètres. Colle, sur celle-ci, des pop-corn bien blancs. Découpe deux feuilles dans du carton vert et colle-les à la base de la paille. Ne dirait-on pas un joli brin de muguet ? Coloré en rose (avec un peu de colorant alimentaire), le pop-corn est aussi du plus bel effet lorsqu'on le pique sur les épines d'une branche d'aubépine. Une barquette en aluminium
remplie de terre, cela suffit pour faire un joli jardin où tu pourras planter tes créations.

Fleurs porte-bonheur... 15

« En avril, ne te découvre pas d'un fil.
En mai, fais ce qu'il te plaît. »
Connais-tu ce dicton ? Il signifie qu'au mois de mai, tu ne risques plus de prendre froid. Le ciel est plus bleu et le soleil te tiendra chaudement compagnie. Allons au bois, il doit y avoir du muguet en cette saison ! Cherche bien sous les futaies, tu découvriras ces fleurs aux jolies petites cloches blanches. Le muguet porte bonheur, on en offre chaque année un brin à sa maman ou à sa petite amie. Mais toutes les fleurs font toujours plaisir... Au mois de mai, n'hésite pas à confectionner un magnifique bouquet de fleurs champêtres. Cueille-les par le bas de la tige, en prenant garde de ne pas abîmer les racines. Assortis-les soigneusement dans un vase rempli d'eau. Tu verras que ces petites taches multicolores apporteront joie et gaieté dans toute la maison... Et si tu cultivais une primevère ? Enlève avec une cuillère la motte de terre qui entoure la racine de la fleur. Plante-la dans un pot à moitié rempli de terreau, dépose le pot sur l'appui de fenêtre et arrose-le régulièrement. La primevère fleurira longtemps encore...

16 La pêche

Il s'en passe des choses du côté de l'étang ! Quel remue-ménage ! C'est le point de rencontre de tous les animaux. Et ça piaille dans tous les coins. Les lièvres et les lapins viennent faire un brin de toilette, tandis que les chevreuils se désaltèrent. Les grenouilles sautent de nénuphar en nénuphar en coassant. Les poissons font des cabrioles à la surface de l'eau, happant furtivement mouches et moustiques. Mais attention, un héron cendré se prépare à une pêche miraculeuse ! Avec son long bec serré entre les ailes, il est capable de s'immobiliser une heure dans l'attente qu'un petit poisson sorte de son refuge… Et glou ! D'une traite le héron avale sa proie.

17

– Allons à la pêche, dit grand-papa à Matthieu.

– Youpi ! Nous allons rapporter de belles truites…

– Du calme, fiston. Sache que la première qualité du pêcheur est la patience.

Au bord de l'étang, grand-papa installe son matériel. Il accroche solidement un asticot au bout de sa ligne et la lance de toutes ses forces. Au bout de quelques minutes, le poisson mord l'appât. Grand-papa le tire hors de l'eau. Quelle surprise !

– Un brochet, s'écrie-t-il tout joyeux.

Un arc-en-ciel

18

Tiens, il pleut ! Il faisait beau il y a cinq minutes à peine. Le soleil n'a pourtant pas disparu : il joue à cache-cache entre les nuages. D'ailleurs, le revoilà, tout guilleret. Oh ! quelles magnifiques couleurs à l'horizon : un arc-en-ciel ! Lorsqu'il vient de pleuvoir, la lumière du soleil se réfracte dans les petites gouttes suspendues dans le ciel et forme un arc de sept couleurs. Apprends le nom de ces couleurs et colorie-les sur une feuille de papier : il y a le rouge, l'orange, le jaune, le vert, le bleu, l'indigo et le violet. Cet ensemble de couleurs s'appelle le spectre. Toutes réunies, ces couleurs forment le blanc. Tu peux toi-même faire apparaître un arc-en-ciel…

19

Prends un petit miroir et plonge-le partiellement dans un verre d'eau. Oriente-le en sorte que la lumière du soleil tombe exactement sur le petit miroir. Ensuite, mets une feuille blanche sous la lumière réfléchie. Tu verras les sept couleurs de l'arc-en-ciel ! Ou encore, prépare un bol d'eau savonneuse. Fais des bulles. Elles sont grosses et beaucoup moins fragiles. As-tu remarqué que, sur chacune d'elles, le spectre des couleurs apparaît nettement ?

Les nénuphars

20

Julie aimerait offrir des nénuphars à sa marraine. Des nénuphars ! Quelle drôle d'idée, me direz-vous… Mais la fillette a toujours adoré ces étranges fleurs qui flottent paresseusement à la surface de l'étang. Alors, malgré l'interdiction de ses parents, Julie va à la cueillette… À l'aide d'une longue branche, elle tente d'attirer à elle les fleurs. Mais la berge est glissante et la catastrophe se produit : Julie tombe à l'eau. Heureusement, elle sait bien nager… mais cela n'empêche pas ses vêtements d'être trempés et tout boueux. Julie parvient à remonter sur la berge sans avoir réussi à récolter le moindre nénuphar.

21

La tête basse, Julie retourne chez elle et explique rapidement sa petite mésaventure à sa mère.

– Je voulais simplement cueillir des nénuphars pour marraine et…

Mais maman n'écoute pas toutes les explications de la désobéissante enfant et lui donne une bonne fessée… Ensuite, un bain chaud pour éviter la bronchite et une grande tasse de lait bouillant sucré au miel.

« La prochaine fois, pense la petite fille, je me contenterai de cueillir des œillets ou des marguerites. »

Pique-nique

22

Il fait beau. C'est un jour pour aller pique-niquer. Pierre, Anne et Isabelle ont décidé d'aller goûter ensemble dans les bois.
– Je prends les brioches, dit Anne.
– Et moi, le lait, dit Isabelle.
– Je propose d'emporter aussi quelques fruits, dit Pierre.
Et les voilà partis tous les trois, avec leurs provisions dans un panier. Avant d'arriver au bois, il y a un grand pré où des mamans brebis viennent d'avoir leurs petits.
– Comme ils sont mignons ! dit Isabelle. Mais on dirait qu'ils sont affamés.
– Si nous leur donnions des brioches ? suggère Anne. Quel plaisir de voir tous les moutons se régaler de ce délicieux repas !

23

Un peu plus loin, une nichée d'oisillons se chamaillent autour d'un vieux trognon de pomme. Sans hésiter, Pierre sort les fruits du panier, les donne aux oiseaux et dit :
– Ainsi, ils ne se disputeront plus !
À l'orée du bois, une dernière rencontre fait s'arrêter le petit groupe :
– Oh ! Un petit chat abandonné ! On ne peut pas le laisser comme ça. Vite ! Donnons-lui le lait qui nous reste. Cela fera de la place dans le panier pour ramener le chaton à la maison. Nous rentrerons l'estomac vide, mais le cœur plein d'amis !

Les nuages

24

Éric regarde le ciel : il est rempli de nuages. Un nuage, c'est un amas de minuscules gouttes d'eau suspendues dans l'air. Ces gouttes proviennent de l'évaporation de l'eau de la mer, mais aussi des forêts et des champs. Lorsque ces gouttelettes deviennent trop abondantes, elles tombent, plus ou moins fortement. Alors, il bruine ou il pleut. Et lorsqu'il y a du brouillard, sais-tu que tu marches au cœur d'un gros nuage ? Observe les nuages. Si tu vois de gigantesques cumulus à la base sombre et au sommet en enclume, c'est qu'il va pleuvoir. En revanche, si le ciel est moutonneux, c'est le signe d'une belle journée en perspective…

Parcours d'obstacles

25

En ce mois de mai, pour profiter du plein air, il est courant de faire un parcours de santé. Mais s'il n'en existe pas à proximité, que faire ? Eh bien, il y a toujours moyen de créer chez soi un parcours d'obstacles. À titre d'exemple, voici quelques suggestions pour te donner l'envie de sauter, ramper, grimper… dans la gaieté. Pourquoi ne pas faire semblant de devoir franchir une rivière en sautant par-dessus deux bouts de corde disposés parallèlement sur le sol à une certaine distance ? Ramper en dessous d'une chaise ou entre les barreaux d'une échelle mise sur le flanc est aussi un très bon exercice…

26

On peut encore :
– passer un gué imaginaire en marchant sur des journaux très écartés, sans mettre pied à terre !
– sauter en hauteur par-dessus une corde à sauter tendue entre deux chaises suffisamment écartées ;
– marcher avec un objet posé sur la tête ;
– lancer un projectile (pomme de pin, par exemple) sur une cible ou dans un récipient...
Il y a beaucoup de possibilités. Et préparer, c'est déjà s'amuser !

Le héron

27

Un jour, sur ses longs pieds,
un héron s'en allait au hasard.
Il longeait la rivière. Il faisait très beau. Il vit d'abord passer une carpe puis un brochet.
Le héron aurait pu les prendre sans peine, mais il préféra attendre pour avoir un peu plus faim.
Il mangeait seulement quand il en avait envie.
Il vit ensuite des tanches s'approcher de lui.
Le mets ne lui plut pas. Il s'attendait à mieux.

28

Il se montrait dédaigneux.
« Moi, manger des tanches.
Pour qui me prend-on ?
Ce n'est pas le repas d'un héron »,
se dit-il et il continua sa route.
Mais la journée passa sans qu'il vît un autre poisson. Le héron commença à avoir faim. Le soir tombait. Le héron s'en alla à travers champs, à la recherche d'un peu de nourriture. Il se repentait bien d'avoir fait la fine bouche quand il avait le choix. Il fut très heureux de trouver un gros morceau de pain tout rassis.
Ne soyons pas si difficiles : on risque de tout perdre en voulant tout gagner.

29 La gardeuse d'oies

Le jeune prince Andor aimait beaucoup se promener seul dans la forêt. Un jour, il rencontra une vieille dame assise sur une grosse pierre, deux lourds paniers posés à ses pieds.
– Je suis si fatiguée, dit-elle au prince.
Voudriez-vous me porter jusque chez moi ?
Le jeune homme fit ce que la vieille dame lui demandait. Ils arrivèrent à destination.

30

Une jeune fille plutôt laide gardait des oies. La vieille dame remercia le prince et tint absolument à ce qu'il accepte une perle.

– Elle vous portera chance, lui dit-elle d'un air mystérieux.

Le jeune homme, rentré au palais, montra la perle à la reine. Cette dernière éclata alors en sanglots, reconnaissant le bijou qu'elle avait donné à sa petite fille qui avait disparu il y a des années. Pendant ce temps, la vieille dame faisait une étrange révélation à la jeune fille.

31

– Par sa générosité, il t'a libérée d'un sortilège, dit-elle. Va te pencher à la fontaine et tu retrouveras ton beau visage.

La vieille dame lui fit ensuite revêtir une magnifique robe. En effet, au palais, le roi et la reine décidèrent de se rendre auprès de la vieille dame. En chemin, ils expliquèrent au jeune prince qu'ils avaient perdu une petite fille lors d'une promenade dans cette forêt. La jeune fille retrouva enfin sa famille et s'en alla vivre au palais avec la dame qui l'avait élevée.

1

Boucle d'Or et les trois ours

Une petite fille avait de beaux cheveux blonds tout bouclés. On l'appelait Boucle d'Or. Son plus grand plaisir était de partir se promener toute seule dans la forêt proche. Ses parents lui recommandaient bien de ne jamais sortir seule et surtout pas sans leur permission. Mais Boucle d'Or n'en faisait qu'à sa tête. Un jour, elle arriva dans une petite clairière où elle découvrit une charmante habitation. La fillette était fatiguée. Personne dans les environs. La porte n'étant pas fermée, elle entra au mépris de toute prudence. Il y faisait très propre. Elle y vit trois fauteuils : un petit, un moyen et un grand.

2

Elle passa ensuite dans la cuisine où la table était dressée; trois bols de gruau refroidissaient: un petit, un moyen et un grand. «Hum, se dit Boucle d'Or, c'est mon plat favori», et elle se mit à manger. Puis elle continua sa visite. Passant à l'étage, elle vit une grande chambre avec trois lits: un petit, un moyen et un grand. Ayant brusquement sommeil, elle se glissa dans le petit lit. Quand elle se réveilla, elle aperçut une famille ours devant elle.

3

Les ours étaient tout aussi étonnés qu'elle. Comprenant enfin son imprudence, Boucle d'Or éclata en sanglots, mais maman Ourse se pencha vers elle, et d'une voix douce, lui expliqua qu'il s'agissait de leur maison et qu'ils revenaient tous trois d'une promenade en forêt. Ils allaient la reconduire chez elle où ses parents devaient l'attendre avec inquiétude. La fillette sécha ses larmes et, bientôt, accompagnée par les ours, elle regagna sa maison. Elle devint la meilleure amie du petit ours.

4 La partie de cartes

Tonton Jules joue aux cartes avec ses neveux et nièces.

– Le vainqueur recevra une superbe récompense ! annonce-t-il.

– Laquelle ? demande Nancy.

– Une médaille ! La voici !

Tous les enfants admirent la pièce de métal doré accrochée à un long ruban tricolore. Magnifique !

– Que le meilleur gagne ! déclare Luc en battant les cartes.

La partie commence.

5 Les joueurs sont attentifs. Tonton Jules note tous les points de chaque jeu, puis les totalise en fin de partie. Roland est le vainqueur et reçoit sa récompense. Tous les autres joueurs boudent, sauf Annie. Alors, Tonton Jules décide :

– Annie, voici ton cadeau !

Il lui offre une grosse orange.

– Mais elle n'a pas gagné ! rouspète Céline.

– Contrairement à vous tous, Annie a perdu avec le sourire ! répond Tonton Jules. Et ça, à mon humble avis, c'est une grande qualité.

6 Magasin de fleurs

Comme c'est beau, les fleurs !
C'est d'ailleurs parce que les fleurs sont si belles qu'on essaie toujours de les imiter. En Belgique, au bord de la mer du Nord, les enfants s'adonnent chaque été à un jeu. Ils égaient la plage de magasins de fleurs en papier qu'ils « vendent » à d'autres enfants contre des poignées de coquillages.
Mais, au fait, sais-tu ce qu'il faut pour fabriquer des fleurs en papier ?

7

Tu as besoin de ciseaux, de fil de fer très fin, de papier crépon de différentes couleurs, de bâtons fins. On découpe d'abord de larges pétales dans de longues bandes de papier coloré. On enroule ensuite la bande sur elle-même. On fixe la fleur sur la tige avec le fil de fer. On termine en recouvrant la tige de papier crépon vert. On peut évidemment varier les découpes : de très étroits pétales, frisés à leur extrémité, donneront, par exemple, de beaux chrysanthèmes.

Peur des reptiles ?

8

Voici un animal bien sympathique. C'est le lézard qui se chauffe au soleil, sur une pierre. S'il fait froid, il somnole. S'il fait chaud, il est plein de vie et se déplace à toute allure. As-tu déjà essayé de l'attraper ? Non seulement le lézard est rapide comme l'éclair, mais surtout il possède un moyen de défense efficace. Si tu le captures par la queue, celle-ci se détache…
Ingénieux, non ?

9

Pourquoi a-t-on peur des serpents ?
N'est-ce pas parce que
nous connaissons mal leurs habitudes ?
Allons, courage ! Observons-les et
peut-être qu'ils nous effraieront moins.
Les plus communs, chez nous,
sont la couleuvre et la vipère. Il est important
de les distinguer : la couleuvre n'est pas venimeuse, alors que toutes les vipères le sont. La vipère est plus petite et a la tête triangulaire. Celle de la couleuvre est ovale. La couleuvre siffle, pas la vipère.
De plus, elle nage et grimpe aux arbres,
contrairement à la vipère.

Où sont les fraises des bois ?

10

– Où vas-tu donc, Charlotte ?
demande maman.
– Je vais cueillir des fraises des bois, répond la petite fille. J'ai trouvé un panier dans la cave.
Ainsi Charlotte part-elle pour la cueillette.
Il fait si beau qu'elle a mis son mouchoir sur la tête pour se protéger du soleil. Il ne lui faut pas longtemps pour remplir le panier. Tout se passe bien, et pourtant…

11

La petite fille n'a pas remarqué qu'en prenant le panier dans la cave, elle a emmené une invitée : une petite souris. C'est confortable, pour une souris, de voyager ainsi bercée. Mais après la sieste, on a envie de grignoter. Ainsi donc, au fur et à mesure que Charlotte remplit son panier, sa passagère clandestine le vide. La petite fille ne se rend compte de rien.
Au retour, cependant, quelle surprise !
– Vraiment, tu aurais pu partager, vilaine ! s'exclame Charlotte. Demain, tu m'aideras cette fois !...

La fête des pères 12

Le mois dernier, on a fêté maman. Et en juin, c'est la fête des pères. Mais je n'attends pas spécialement ce jour-là pour dire à mon papa combien je l'aime. Mon papa est comme mon grand frère : je lui raconte mes joies, mes peines, mes rêves... Quand j'ai peur, je me blottis tout contre lui et il me rassure... Si je pleure, il me console. Je souhaite à tous les enfants de la terre d'avoir un papa comme le mien.

Jeu de piste

13

S'il y a bien un mois idéal pour les jeux de piste, c'est le mois de juin ! Un jeu de piste, c'est un peu comme dans l'histoire du Petit Poucet, où il y a un chemin à retrouver grâce à des indices qu'on a semés auparavant. Un premier groupe de joueurs part devant pour tracer la piste. On peut la faire sous forme de flèches, de morceaux de laine ou de journaux... qu'on met à des endroits clés pour indiquer aux autres le chemin à suivre. Le deuxième groupe doit s'efforcer de suivre ces signes et de rattraper la première équipe (en n'oubliant pas de ramasser les signes). C'est déjà très amusant. Mais on peut aussi corser la difficulté.

14

Tout au long d'un jeu de piste, on peut laisser des messages, obligeant les suiveurs à réaliser des épreuves : rapporter une branche de noisetier, faire de l'équilibre sur un tronc, retrouver un trésor caché dans les environs, etc. Il est particulièrement excitant de terminer le jeu sur une grande confrontation des deux groupes (jeu de cache-cache). Il est toujours possible aussi de transformer le jeu en aventure en choisissant un thème : Robin des Bois, les Indiens...
... C'est plus gai de rêver un peu !

Les groseilles rouges

15

Caroline et Sylvie, après avoir fait leurs devoirs, vont se promener dans les prés. Elles aperçoivent, contre le mur de la vieille grange, quatre magnifiques groseilliers… De belles grappes de fruits rouges mûrissent au soleil.
– Comme elles sont appétissantes ! dit Sylvie avec gourmandise.
– On les goûte ? propose Caroline. Les fillettes s'approchent, tendent les mains, détachent quelques fruits et les mettent en bouche.
– Délicieuses ! déclare Sylvie.
Nos amies se gavent de groseilles et oublient le conseil de maman : ne faut-il pas laver les fruits avant de les manger ?

16

– Il est temps de rentrer ! Maman et papa nous attendent pour le dîner.
De retour à la maison, les petites gourmandes ressentent des crampes au ventre.
– Que se passe-t-il ? s'inquiètent leurs parents.
Les fillettes avouent leur bêtise :
– Nous avons mangé beaucoup trop de groseilles rouges… et nous ne les avons pas lavées.
– Que cela vous serve de leçon ! dit papa.
Au lieu de dîner, vous vous contenterez d'un bol de thé bien chaud.

La fenaison

17

Jean, le cultivateur,
a du pain sur la planche.
Il fait très sec depuis deux semaines,
alors il se décide à faner ses champs.
« L'herbe est haute, se dit Jean,
il est temps de la couper... »
Il prépare son tracteur et attelle une faucheuse.
Matthieu l'observe d'un œil attentif.
« Que va-t-il faire de toute cette herbe qui sent si bon ? », se demande-t-il.
Il enfourche sa bicyclette et s'enquiert auprès du paysan.
– C'est de la bonne herbe pour le bétail, répond celui-ci. Une fois séchée, j'en ferai des ballots que j'engrangerai dans le fenil. Ainsi mes vaches seront-elles rassasiées tout l'hiver. Si tu veux, viens m'aider à charrier les ballots après-demain...

18

Le surlendemain, Matthieu est au rendez-vous. Jean, le cultivateur, au volant de son tracteur équipé d'une faneuse, ratisse le champ. De beaux ballots de foin sortent de la machine, solidement ficelés.
– Prends une fourche, dit-il à Matthieu, et dépose chaque ballot sur la charrette. Nous irons ensuite les ranger au fenil.
– Que c'est lourd ! dit Matthieu.
– Du temps de mon grand-père, lui raconte Jean, tout le travail se faisait à la main. Alors, ne te décourage pas, mon petit !

La laitière et le pot au lait

19

Perrette, une jeune fermière, s'en allait à la ville. Il faisait beau. Elle partait vendre son lait et marchait bien droite, un pot de lait posé sur le coussinet qui coiffait sa tête. Tout en cheminant, elle pensait déjà à l'argent que la vente du lait lui rapporterait. Elle pourrait acheter une centaine d'œufs, les faire couver, en avoir des poules, qui, à leur tour, deviendraient des pondeuses ; elle vendrait leurs œufs. Elle aurait aussi des poulets qu'elle élèverait devant sa maison, ils pourraient courir et leur chair ne serait que meilleure. Elle les vendrait aussi plus cher. Qu'achèterait-elle alors avec le bénéfice réalisé ?

20

Un cochon, ça ne coûte pas bien cher à nourrir, il se contente des restes. Quand il serait devenu gras et gros, elle le revendrait pour avoir une vache et son veau. Elle le verrait sauter dans l'herbe. Là-dessus, Perrette sauta aussi. Le lait tomba : adieu veau, vache, cochon, couvée… La fermière, voyant sa fortune ainsi répandue, s'en retourna, triste, à la ferme. Son époux se fâcha.

Il n'est pas sage de faire trop de projets insensés. Il ne faut jamais rêver tout éveillé.

21

L'été

Aujourd'hui, c'est l'été ! La saison la plus chaude de l'année. Le soleil s'est levé de très bonne heure et se couchera tard. As-tu remarqué que les jours sont plus longs et les nuits beaucoup plus courtes ? Quelle chance ! Tu peux ainsi profiter au maximum des jeux en plein air ! Sais-tu que le Soleil est l'étoile la plus proche de la Terre ? Notre planète en fait le tour chaque année, inclinée sur son axe. La partie de la Terre la plus proche du Soleil reçoit plus de chaleur : c'est le printemps, puis l'été ; et quand cette partie s'en éloigne, elle reçoit moins de chaleur et il y fait de plus en plus froid : c'est l'automne, puis l'hiver.

22

Sous la tente

– C'est l'été ! crie Damien à Alexandre. Nous allons pouvoir faire du camping !
– D'accord ! dit Alexandre. Mais comme nous n'avons pas de tente, nous allons en fabriquer une.
Et les voilà partis à la recherche d'une toile cirée pour le sol, d'une couverture pour la tente et de manches de balai pour les piquets. La maison est bien vite sens dessus dessous : nos deux courageux Indiens ne reculent devant rien pour réaliser leur projet. Coiffés d'une vieille parure retrouvée au grenier, ils s'affairent et ont vite fait de monter une tente. Mais tout à coup, catastrophe ! C'est l'orage. Que vont-ils faire ?

23

D'abord confiants dans leur construction, Damien et Alexandre se réfugient aussitôt sous la tente. Mais bien vite ils se rendent compte qu'une couverture n'est pas imperméable.

– Nous allons être trempés, dit Damien. Il faut rentrer, et vite !

– Tu as raison, dit Alexandre.

Heureusement que maman a été plus prévoyante que ses fils ! Elle les attend à la maison avec une serviette-éponge et du chocolat fumant.

On ne devient pas grande personne ou Indien si vite que ça !

Gentille alouette

24

Comme il fait très beau ce matin, Matthieu a décidé d'aller se promener dans les champs. Les meules de foin sèchent au soleil et la campagne est toute gazouillante.

« Mais où se cachent donc ces ténors de la nature ? », se demande Matthieu. Il lève alors la tête en direction du soleil.

« Mais quel est cet étrange oiseau qui entonne un chant tout en s'élevant à perte de vue vers le soleil ? », se demande-t-il.

25

Intrigué, Matthieu interroge son ami Jean, le cultivateur :
– C'est la gentille alouette, lui dit celui-ci. Regarde-la bien grimper dans les cieux. Dès qu'elle cessera de chanter, elle piquera à toute allure dans le champ, rejoindre son nid qu'elle construit à même le sol. Autrefois, on chassait l'alouette. Sais-tu comment ? À l'aide d'un miroir, on aveuglait l'oiseau qui, croyant que c'était le soleil, venait s'y fracasser... Que les hommes sont cruels quelquefois !

26

Le brave petit tailleur

Dans un pays, un géant malfaisant faisait régner la terreur. Alors, le roi envoya des cavaliers pour proclamer en place publique que celui qui vaincrait le géant pourrait épouser la princesse, sa fille. Fort occupé dans son atelier, le petit tailleur n'avait rien entendu. Il se livrait à une chasse aux mouches très énergique et avait réussi à en tuer sept d'un seul coup.

27

Quel exploit !
Très fier de lui, il s'avança à la fenêtre en criant à qui voulait l'entendre :

– Sept d'un coup. J'en ai tué sept d'un coup, tout seul. Je suis un héros.
Entendant ces mots, les gardes du roi l'emmenèrent immédiatement au palais où il s'empressa de raconter sa prouesse.
– Maintenant, je n'ai plus peur de rien, conclut le tailleur.
– Puisque tu es si courageux, ce sera toi qui débarrasseras le pays du méchant géant, lui répondit le roi.
Bientôt le petit tailleur se retrouva en face du géant qui était redoutable. « Comment venir à bout d'une telle force, se demanda notre héros qui n'en menait pas large. Il n'y a qu'une seule solution. Il va falloir que j'utilise la ruse. »
Le géant éclata de rire en le voyant.

28

– Tu n'es vraiment pas de taille, lança-t-il.
– Ne chante pas si vite victoire, répondit le jeune homme. N'oublie pas que je suis le tailleur le plus rapide du pays et il lui planta ses ciseaux dans le nez. En quelques coups d'aiguille, le géant se retrouva complètement immobilisé. Averti de cette victoire, le roi se rendit très vite sur les lieux de l'exploit et ramena le petit tailleur au palais. Le jeune homme fit alors la connaissance de la princesse et l'épousa.

Fête à l'école

29

L'année scolaire touche
à sa fin et les élèves ont
hâte de se retrouver en vacances.
Aujourd'hui, madame Dubois a décidé d'organiser
une petite fête à l'école. Tous les élèves sont
réunis dans la salle de gymnastique.
– Nous allons commencer par le jeu
des chaises musicales ! annonce monsieur Gilet.
Le champion de chaque classe reçoit
une récompense : un CD… Un grand sourire éclaire le visage des vainqueurs.
– Félicitations ! crient les autres enfants. Bravo !
– Et maintenant, déclare madame la directrice, si nous laissions la place à la musique ?

30

Les élèves de première année
se lèvent et chantent les mélodies qu'ils ont
chantées, quelques jours plus tôt, à leurs parents.
Quelle belle journée ! Mais tout a une fin.
Les enfants retournent dans leur classe pour la
distribution, parfois redoutée, des bulletins…
Les petits cœurs battent un peu plus vite.
Pour certains élèves, la joie est au rendez-vous.
Chez d'autres, il y a des larmes… Mais tous font
des promesses pour la rentrée.
Bonnes vacances à tous !

Vive les vacances !

1

Cette année, la famille Barbier va au Portugal ! Mais comme le voyage est très long, papa a décidé de partir en avion.
– C'est plus cher, a-t-il dit, mais plus rapide et moins fatigant.
Cécile et Michaël sont très énervés, car c'est la première fois qu'ils vont monter dans un avion ! Ils n'arrêtent pas de poser des tas de questions à leurs parents :
– Est-ce que ça fait peur ?
– Il y a combien de pilotes ?
– Ne vous tracassez pas ! les rassure maman. Vous verrez : c'est amusant !
Grand-père les conduit à l'aéroport et ajoute, avant de les quitter :
– Vous êtes sûrs de ne rien avoir oublié ?

2

Papa fait enregistrer les bagages, puis entraîne sa petite famille vers les tapis roulants… qui les emportent jusqu'à l'avion.
L'hôtesse leur désigne leurs sièges.
– Attachez vos ceintures, s'il vous plaît ! demande-t-elle.
Les moteurs ronflent. L'avion avance sur la piste puis accélère. Michaël et Cécile retiennent leur souffle…
La vitesse augmente. Les roues quittent le sol. L'appareil pointe le nez vers le ciel bleu et prend de la hauteur.
– On vole ! s'écrient les enfants en battant des mains.

3 Cendrillon

La mère de Cendrillon était morte. Son père s'était remarié avec une femme qui avait elle-même deux filles. La nouvelle épouse obligea sa belle-fille à s'occuper du ménage. Elle devait tout nettoyer, faire la cuisine et la lessive. Elle n'avait que de très vieux vêtements. On l'appelait Cendrillon. Les deux sœurs l'accablaient sans cesse de nouvelles corvées, car elles la jalousaient. Cendrillon était très jolie et gentille, elles étaient laides et très méchantes. Un jour, le palais royal annonça un grand bal destiné à trouver une épouse pour le prince héritier. Les trois jeunes filles reçurent une invitation. Cendrillon serait-elle autorisée à aller au bal ?

4

La marâtre renvoya Cendrillon aux cuisines et fit confectionner deux magnifiques robes pour ses filles. Le soir du bal arriva. Les deux sœurs étaient parties et Cendrillon pleurait assise près de la cheminée quand sa marraine, la bonne fée, apparut. D'un coup de baguette magique, elle vêtit la jeune fille d'une robe splendide. Elle transforma une citrouille du jardin en un carrosse et six moineaux en magnifiques chevaux.

– Tu iras aussi au bal, dit la fée, mais n'oublie pas : l'enchantement cessera au dernier coup de minuit.

5

Cendrillon passa une soirée inoubliable.
Le prince ne dansa qu'avec elle. Elle en oublia l'heure. Soudain, elle entendit sonner les douze coups de minuit. Elle s'enfuit, perdant une petite pantoufle de verre. Le prince voulut à tout prix retrouver cette jeune fille. On organisa des recherches.
Un officier du palais reçut l'ordre de faire essayer la pantoufle à toutes les jeunes filles. Cendrillon dut aussi l'essayer et le prince sut enfin qui était celle qu'il aimait. Ils se marièrent bien vite et vécurent très heureux.

Premier fruit

6

Je parie que ton fruit préféré de l'été est la cerise ! Près de l'étang, le gros cerisier regorge de magnifiques bigarreaux. Matthieu et Sophie se préparent à la cueillette. Quelle joie de se faire de jolies boucles d'oreilles ! Et de rapporter un plein panier à leur maman, qui leur préparera des confitures !
– Dépêchons-nous, dit Matthieu à sa sœur, car les merles sont encore plus friands de cerises que nous…

7

Chasse de nuit

C'est les vacances !… Et les soirs d'été, personne n'a envie d'aller se coucher tôt. Aujourd'hui, Clémentine a une idée :
– Si nous allions à la chasse aux papillons de nuit ? propose-t-elle à ses deux cousins, Tom et Nicolas.
– Quelle bonne idée ! s'écrie Tom, toujours prêt pour l'aventure. Je vais chercher la lampe de poche.
Nicolas n'est pas aussi réjoui : c'est lui le plus petit et il n'aime pas beaucoup le noir. Courageusement, il fait bonne figure et va chercher un bocal et son filet à papillons.
– Restez tout de même aux alentours de la maison, dit maman en les voyant partir.

8

Tom, Clémentine et Nicolas sont à l'orée du bois.
Tout à coup, leur lampe s'éteint.
– Ce sont les piles ! Je le sentais, dit Nicolas, apeuré. Comment allons-nous rentrer dans le noir ?
Clémentine est bien ennuyée.
– Oh, regardez ! dit soudain Tom.
Des vers luisants ! Plus besoin de lampe : il suffit d'en attraper quelques-uns dans notre bocal !
– Chouette ! dit Nicolas. Je suis rassuré.
Et puis tans pis pour les papillons !
Les lucioles, c'est bien plus mignon !

Les rapaces

9

Il y a dans la nature d'étranges oiseaux qui ont toujours suscité la méfiance des hommes : les rapaces. Ce sont pourtant de beaux oiseaux très utiles, mais leurs mœurs mystérieuses nous les ont toujours fait craindre. Au cours d'une promenade, Matthieu a pu observer l'un d'entre eux, la buse.
« Oh, on dirait un cerf-volant ! », se dit-il.
Sa puissante vue lui permet de repérer la moindre proie, un campagnol ou un lapereau. La buse chasse en plein jour, tout comme l'épervier et le faucon. Les rapaces les plus énigmatiques, eux, vivent la nuit ; mais ce ne sont pas des oiseaux de malheur, comme on l'a souvent cru. Et si on les découvrait ensemble ?

10

Hou-hou, hou-hou !
Une chouette ulule en pleine nuit.
Il ne faut pas avoir peur, c'est un rapace nocturne très utile qui se nourrit d'insectes et d'autres bestioles nuisibles. Comme les autres oiseaux de proie, la chouette crache des boulettes faites des parties non comestibles des animaux qu'elle avale : des os, des poils, des plumes. Tu peux trouver ces pelotes au fond d'une sapinière ou même dans une grange. Examine la pelote et tu connaîtras le menu du rapace.

11 Les mouettes affamées

Nancy et Céline passent quelques jours de vacances à la mer. Chaque matin, elles vont promener leur chien sur la plage. De nombreuses mouettes tournoient, crient, se disputent et cherchent leur nourriture sur le sable humide.
– Laissez courir Pepsi ! conseille papa. Il a besoin de gambader.
À l'approche du chien, les mouettes s'envolent en hurlant, puis reviennent très vite en quelques coups d'ailes.
– Que mangent-elles ? demande Nancy.
– Des moules, des crabes, du pain, des crevettes… répond papa.
– On pourrait peut-être leur lancer une tartine ? propose Céline.

12

– J'en ai justement deux sous la main !
– Allez-y ! Donnez-leur les tartines. Elles n'attendent que ça.
Les fillettes découpent des morceaux de pain et les lancent aux oiseaux. Aussitôt, les mouettes se jettent, en criant, sur le petit déjeuner.
Il en arrive de partout et nos deux amies, un peu effrayées, se réfugient près de leur papa qui rit de bon cœur :
– Elles sont vraiment affamées, ces mouettes ! Quelles sauvages !

Pêche à la ligne

13

– Comment ? Tu n'as jamais pêché et tu voudrais bien essayer ? dit papa à Simon qui vient de voir une émission sur la pêche à la télévision. Rien de plus simple, fiston.
– Mais je n'ai pas d'équipement !
– Tu as bien des bottes en caoutchouc et un vieil anorak ou un vieux ciré ? Cela suffit. Inutile d'avoir une tenue de luxe.
– Et la canne à pêche ?
– Ne t'inquiète pas ; je m'en charge. Un fil au bout d'un bâton, un bouchon, un plomb et un hameçon et voilà : le tour est joué !
Simon sourit aux anges. Il s'imagine déjà dominant le fil tendu et ramenant fièrement un gros poisson…

14

Papa et Simon sont maintenant installés et surveillent leur ligne.
– C'est long ! dit Simon, un peu découragé par l'attente. Nous n'avons presque plus d'appâts.
Papa ne répond pas. Au bout de la ligne de Simon, il a surpris un léger remous dont le garçon ne s'est même pas rendu compte. Il s'écrie :
– Tire, fiston, c'est le moment !
Formidable ! Une petite truite ! Simon n'en revient pas. En un instant, il a tout oublié de ses efforts ! C'est ça, les joies de la pêche !

15 Saute, grenouille !

Il n'y a pas de soleil, ce matin. Tant pis ! Cathy enfile sa salopette et va se promener dans la forêt.
« Quel endroit magnifique pour les vacances ! » pense-t-elle.
À midi, elle rejoint ses parents à l'hôtel.
– Je suis allée près de l'étang ! leur explique-t-elle. J'ai vu des canards, des pêcheurs, des nénuphars…
– Qu'as-tu en poche ? demande papa.
– Une grenouille ! répond-elle en déposant l'animal sur la table.
Le batracien en profite pour sauter dans les assiettes vides, puis sur le plancher. Quelle corrida ! Tous les serveurs tentent de capturer la grenouille, quelques personnes poussent des cris de frayeur et les enfants s'amusent comme des fous.

16 Ali Baba et les 40 voleurs

Ali Baba s'en revenait à la ville sur son âne. Soudain, il entendit un bruit de chevaux lancés au galop. Il quitta la route et se cacha. Il vit alors passer une quarantaine de cavaliers lourdement chargés. Ils s'arrêtèrent et l'un deux dit :
– Sésame, ouvre-toi !
Un rocher s'ouvrit, laissant apparaître une caverne. Toute la bande s'empressa de porter son chargement à l'intérieur. Ensuite, l'homme dit :
– Sésame, ferme-toi !
Et le rocher se referma. Les bandits s'en allèrent. Ali Baba se dirigea vers la caverne, prononça les paroles magiques, le rocher s'ouvrit. Merveille !

17

Il vit devant lui un amoncellement de pierres précieuses, des pièces d'or… Il en remplit un sac et repartit, ayant eu soin de refermer la caverne. Il raconta son aventure à son frère, Cassim. Cassim partit à la caverne où il se fit surprendre par les bandits qui le tuèrent. Ali Baba, ayant constaté la disparition de son frère, le retrouva mort dans la caverne. Il ramena le corps en ville en se disant que les bandits ne tarderaient pas à rechercher celui qui connaissait leur repaire. En effet, un membre de la bande le suivit et sut où il habitait. Quelques jours plus tard, un marchand se présenta chez le jeune homme, demandant la permission de déposer quarante jarres d'huile dans la cour jusqu'au lendemain. Sais-tu pourquoi ?

18

Morjiane, la servante, se douta qu'il s'agissait des bandits. Le soir venu, elle fit bouillir de l'eau et la versa dans les jarres. Les brigands qui s'y cachaient n'eurent pas le temps de crier, ils moururent ébouillantés. Quand le chef voulut passer à l'attaque, il s'aperçut que tous ses hommes étaient morts et il s'enfuit. Morjiane, qui surveillait la cour, révéla tout à Ali Baba. Alors, il fit don de tout ce que contenait la caverne aux pauvres de sa ville et il vécut heureux aux côtés de Morjiane qu'il épousa.

19

Sur la moissonneuse

Cette année, monsieur Graindorge, le fermier, a accepté de prendre Raphaël sur la moissonneuse.Le soleil brille de mille feux, les épis sont dorés à point.

– On y va ! décide le fermier.

Le moteur de la moissonneuse fait un bruit assourdissant. Les palettes tournent, les lames coupent sans arrêt, la machine avale les blés, conserve les grains et rejette la paille…

Des insectes s'envolent devant les terribles mâchoires du monstre métallique.

Des moineaux s'enfuient à tire-d'aile, imités par un faisan puis une perdrix…

20

Soudain, Raphaël s'écrie :

– Arrêtez, monsieur Graindorge !

Raphaël descend de la cabine et se précipite devant le gros véhicule. Il se baisse et ramasse quelque chose. Il rejoint le conducteur et lui montre sa trouvaille : un hérisson !

– Que vas-tu faire de ce bébé ? lui demande le fermier.

– Le nourrir et le mettre dans notre potager. Vous savez, le hérisson mange des limaces, des insectes…

Bourdonnement d'oreilles

21

– Tiens ? s'inquiète maman. Pierrot n'est pas levé ce matin. Cela ne lui ressemble pas. Va donc voir, demande-t-elle à papa.
– Que se passe-t-il, fiston ? dit papa en entrant dans la chambre.
– Je ne sais pas ce qui m'arrive, répond Pierrot. Je dois être malade : j'ai tout le temps les oreilles qui bourdonnent.
Pensif, papa redescend :
– Il faut prévenir le médecin, dit-il. Ces bourdonnements d'oreilles m'inquiètent. Pourtant, Pierrot n'a pas pu prendre froid : il fait un temps superbe... Que peut-il bien avoir ? Je suis curieux de voir ce qu'en pense le docteur.

22

Le docteur connaît bien Pierrot, mais aujourd'hui il est embarrassé..
– Tu n'as pas de fièvre, dit-il au petit garçon. C'est tout de même bizarre...
En réfléchissant, le docteur va à la fenêtre. Comme il fait très chaud, il ouvre celle-ci toute grande. Voilà que lui aussi entend un bourdonnement ! Il se met à rire :
– La clé du mystère est ici, dit-il. Il y a un nid de guêpes sous la corniche ! Appelle donc les pompiers, Pierrot, ils te guériront bien plus vite que moi !

23

Vers luisants et lucioles

Comme il fait très chaud ce soir, Matthieu, Sophie et leurs parents ont décidé d'épier la vie nocturne de la campagne. Munis d'une lampe de poche, ils s'engagent tous quatre dans de sombres sous-bois. Sophie redoute les moustiques qui sifflotent à ses oreilles. Au bord du chemin, toute la famille est attirée par un petit point lumineux qui brille ainsi qu'une étoile tombée de la nuit.
– Un ver luisant ! s'écrie le papa de Matthieu et de Sophie. N'y touchez pas, les enfants ; car à la moindre alerte, il s'éteint. Du reste, ce n'est pas un ver, mais un insecte sans ailes. Connaissez-vous d'autres animaux phosphorescents ?

24

Les enfants sont admiratifs devant une si petite bête.
– J'aimerais, dit Matthieu à Sophie, être lumineux comme cet insecte, ça me dispenserait de porter cette lampe de poche !
– Et moi, ajoute Sophie, je n'aurais plus peur du noir !
Un peu plus loin, au-dessus des arbustes, d'autres petits feux scintillent, mais cette fois en voltigeant. Ce sont des lucioles qui émaillent le bois de jolies lumières errantes. On les appelle aussi mouches dorées de la Saint-Jean.

Les étoiles

25

En plein été, quel spectacle de contempler le ciel, la nuit ! Il brille de mille feux de toutes les tailles. Ce sont les étoiles, d'énormes boules de gaz en feu. Elles nous paraissent minuscules, parce qu'elles sont à des millions de kilomètres de nous. Dans un beau ciel nocturne, tu peux reconnaître les étoiles. Le ciel d'été est traversé d'une gigantesque traînée lumineuse composée de millions d'étoiles : c'est la voie lactée. Mieux détachée dans le ciel, une autre constellation est facilement reconnaissable : la Grande Ourse. Elle est formée de sept étoiles et ressemble à un grand chariot. Tout au nord, l'étoile Polaire est la plus éloignée et la plus brillante.

26

– Oh ! une étoile filante qui traverse le ciel à toute allure ! Un véritable feu d'artifice ! On en aperçoit des dizaines lorsque le ciel est bien dégagé. Ne les confonds pas avec un avion qui, lui, se déplace beaucoup plus lentement. En fait, ce ne sont pas des étoiles : ce sont des fragments de rocher qui, en traversant l'espace, prennent feu au contact de l'air. Dès que tu verras une étoile filante, fais un vœu : il sera exaucé. Mais surtout ne le dis à personne…

27 Trésors du sol

Que peut-on faire avec les coquillages qu'on ramasse sur les plages ou avec les jolis cailloux qu'on collectionne au cours des promenades ? Mille objets décoratifs quand ils sont bien réussis. Quelques coups de pinceau transformeront un coquillage ou une pierre plate en poisson ou en médaillon. Si, au contraire, ils ont des formes plus rondes, on peut les assembler pour faire des petits bonshommes ou des animaux comiques. Sur un morceau de carton ou de bois, avec de la colle liquide, on peut aussi créer de superbes mosaïques. L'idéal, quand les petits chefs-d'œuvre sont terminés, c'est de les recouvrir d'une couche de vernis protecteur.

28

Pour s'amuser autrement avec des coquillages ou des cailloux, on peut s'en servir comme pions. Sur le sable, par exemple, il est facile de tracer un circuit de marelle, un jeu de dames ou même un jeu de l'oie. Dans la maison, tu peux imaginer un autre jeu : tu fabriques un trésor avec des pierres peintes en doré et des colliers de coquillages. Le but du jeu est, pour tes amis, de reconstituer ce trésor en retrouvant toutes les précieuses pierres que tu as cachées un peu partout dans la maison.

Le lion et le rat

29

Un lion se reposait bien à l'aise. Il avait bien mangé et faisait une petite sieste. Il somnolait, satisfait et, somme toute, de bonne humeur. Soudain, il sentit le sol vibrer ; bientôt, il vit la terre se soulever légèrement et un trou apparut. Le lion vit alors une magnifique paire de moustaches sortir de terre. Elle appartenait à un rat, très étonné de se retrouver entre les pattes d'un lion. Le rat se rendit immédiatement compte de la situation dangereuse dans laquelle il se trouvait. Le fauve n'avait qu'un mouvement à faire et il n'y avait plus de rat. Mais le roi des animaux, amusé par l'étourderie de son visiteur inattendu, l'invita à poursuivre sa promenade.

30

Le rat, heureux de rester en vie, le remercia, puis s'en alla à toute allure. Ce bienfait ne fut pas perdu. Qui aurait jamais cru qu'un lion dépendrait d'un rat. Cependant, il advint que le fauve fut pris dans un filet. Le lion eut beau rugir, bondir, secouer le filet, rien n'y fit. Il était bel et bien prisonnier. Mais le rat accourut rapidement. Il fit tant avec ses dents qu'une maille céda, défaisant tout le filet.

Patience et longueur de temps font
plus que force ni que rage.

Le canard couturier 31

Bébé a reçu deux beaux jouets pour sa fête : un ourson en peluche et un canard bleu sur roulettes. Bébé ne sait pas encore marcher tout seul : il se déplace en se traînant et s'assied quand il est fatigué. Alors, il prend son ours dans ses bras et le serre très fort, il lui tire une oreille, puis lui tord la tête.
« Pauvre Bruno ! pense le canard en bois. Ce bambin devrait un peu jouer avec moi : je suis plus solide que cet ourson en peluche. »
Bébé finit par arracher une patte à Bruno ; puis, fatigué, il se couche sur son coussin et s'endort. Maman installe son fils dans le berceau et range les deux jouets dans une grande caisse…
Alors, Coin-Coin s'approche de son ami et lui murmure à l'oreille :
– Je vais t'aider, Bruno. Tu vas voir, je suis un grand couturier, tu sais !
Et Coin-Coin répare les dégâts de Bébé avec une aiguille et du gros fil brun très solide.
– Merci beaucoup ! dit Bruno. Je me sens beaucoup mieux, déjà… Que cet enfant est brutal !
– Mais il est si beau quand il dort ! Viens voir et ne fais pas de bruit.
Les deux jouets sortent doucement de la caisse et regardent Bébé endormi, le pouce en bouche, un merveilleux sourire sur les lèvres.
– Tu as raison ! souffle Bruno. On dirait un ange… et je lui pardonne ses mauvais traitements.

1

Les retrouvailles

Durant le mois de juillet, Barbara et Grégory sont partis en Tunisie avec leurs parents. Il y faisait très beau. Aujourd'hui, ils rentrent en forme, tout basanés. Maman est un peu inquiète, car grand-mère est au lit. Sitôt les bagages déchargés, toute la famille se précipite chez elle. Grand-mère va déjà beaucoup mieux. Elle sourit.

– Approchez, les enfants, dit-elle très émue.

Grégory s'approche et se jette au cou de grand-mère.

– Doucement, Grégory, gronde papa.

Grand-mère jette un regard dans la pièce et demande à maman :

– Qui est cette petite fille toute noire avec vous ?

– Mais c'est Barbara, répond maman, surprise.

– Oui, c'est moi, criaille la petite, très excitée, en se jetant à son cou.

Alors, grand-mère la reconnaît, c'est bien sa petite sauvageonne !

Grand-mère n'a pas assez d'oreilles pour entendre tous les babillages de la famille.

Le Petit Chaperon rouge

2

Le Petit Chaperon rouge est une gentille petite fille qui doit son nom à la cape rouge qu'elle met lorsqu'elle sort se promener. Aujourd'hui, le Petit Chaperon rouge va rendre visite à sa grand-mère qui est malade. Celle-ci habite une maison qui se trouve au fond de la forêt. En cours de route, elle rencontre le loup qui lui demande :

– Où vas-tu ?

– Chez ma grand-mère, je lui porte des galettes, elle est malade.

Courant à travers bois, le loup arrive le premier chez la vieille dame.

Il frappe à la porte : toc, toc !

– Qui est là ?

3

C'est le Petit Chaperon rouge ! dit-il en changeant sa voix. Mais grand-mère ne la reconnaît pas et, méfiante, se cache dans la grande armoire. Le loup entre et ne voit personne. Il se glisse dans le lit, attendant la petite fille qui arrive à son tour.

Le Petit Chaperon rouge trouve sa grand-mère bien changée.

– Comme vous avez de grandes dents ! dit-elle.

– C'est pour mieux te manger ! crie le loup.

Et il se précipite vers l'enfant.

4

– Au secours, au secours ! Le loup veut me manger !
Mais soudain, la grand-mère surgit de l'armoire et assène un violent coup de rouleau à pâtisserie sur le crâne du loup qui s'écroule, se relève péniblement, puis s'enfuit dans la forêt où il court encore.
– L'aventure m'a donné faim, dit le Petit Chaperon rouge.
– À moi aussi, dit la grand-mère, et de plus, je me sens mieux.
Et elles se mettent joyeusement à table pour manger les galettes.

5 Le vieux pommier

Étant de passage ce 5 août dans le jardin de Caroline, le vent s'arrête tout à coup, intrigué.
– Qu'as-tu donc ? demande-t-il au vieux pommier qui a l'air très accablé. Ça ne va pas ?
– C'est que je deviens vieux, répond l'arbre d'une voix faible ; et mes branches sont lourdes, chargées de toutes ces pommes !
– Ne t'en fais pas, dit le vent ; je vais t'aider, tu vas voir.

6

Pressé de rendre service, le vent respire un grand coup, puis souffle de toutes ses forces. Pas de chance ! Seules, deux ou trois pommes tombent dans l'herbe. « Que faire ? » se demande le vent.
– J'ai une idée ! s'écrie-t-il tout à coup.
Et il s'infiltre doucement dans les branches du pommier. Comme par magie, un délicieux parfum de fruit se répand dans l'air et atteint la chambre de Caroline.
– Mmh ! Ça sent bon ! dit la petite fille.
Si j'allais cueillir des pommes ?

Buti et Marguerite

7

Dans le jardin, il y a beaucoup de fleurs. Buti, l'abeille, adore les fleurs. Elle fait un brin de causette avec Marguerite, sa préférée.
– Quoi de neuf, aujourd'hui ? As-tu du bon nectar pour moi ?
– Sers-toi, Buti ; mais de grâce, ne me chatouille pas trop !
– Sais-tu que ton nectar est le meilleur de la région ? Grâce à toi, quel bon miel nous produisons ! Sais-tu comment nous le faisons ?

8

– Eh bien, après ma tournée,
continue Buti, je rentre à la ruche…
– Est-il vrai que tu danses ? demande Marguerite, intriguée.
– Je fais des cercles et des huit pour indiquer à mes sœurs les délicieuses fleurs comme toi. Ensuite, je dépose mon nectar dans les gâteaux de la reine, qui se charge d'en faire du miel.
– M'inviteras-tu à goûter ? questionne Marguerite.
– Volontiers, mais le miel n'est pas pour nous. Nous le donnons aux enfants qui en raffolent !

Le retour des scouts 9

David, Robert et Laurent ont passé une semaine dans un camp de scouts, en pleine forêt.
Leur séjour terminé, le responsable les ramène en Jeep jusqu'à leur domicile.
– Comme vous êtes crottés ! déclare madame Villardin.
– On n'a pas eu beaucoup de temps pour se laver ! explique David.
– Mais pourquoi ? demande maman.

10

– L'eau de la rivière
était vraiment trop froide !
ajoute Laurent.
– Je comprends pourquoi vous sentez le fauve !
dit papa en se pinçant les narines.
– Un bon scout, même si l'eau est froide, doit bien
se laver tous les jours, réprimande maman.
Il n'y a qu'une solution maintenant : un bain chaud,
une brosse et du savon !
– On est sales, mais on s'est si bien amusés !
conclut David.
Et chacun éclate de rire.

Un joli tableau

11

Grand-papa propose à Robin
de ranger avec lui la cabane à outils.
– Chouette ! dit Robin, toujours content
des propositions de son grand-père.
Mais en entrant dans la cabane, il est un peu déçu :
– Bah ! s'écrie-t-il. Il y a plein de toiles d'araignées.
– Tu as tort d'être dégoûté, dit grand-papa.
Je crois que c'est parce que tu ne les connais pas.
Si tu veux, je vais t'apprendre…

12

– Quand j'étais petit, continue le vieil homme, je passais des heures à essayer de les observer. Tantôt je les regardais à la loupe en train de tisser les fils ; tantôt je les agaçais d'un brin d'herbe pour les voir faire trembler toute leur toile. Va donc chercher la bombe de laque de ta maman. Nous en pulvérisons sur une toile que nous appliquerons après sur une plaque de verre. Tu verras le chef-d'œuvre !
– Jamais je n'y aurais pensé, dit Robin.
Tu es formidable, grand-papa !

13 L'homme des bois

Olivia, Babette et Cassian aident papa à préparer un barbecue.
– Il me faut beaucoup de branches de toutes les tailles. Rapportez-moi tout ce que vous pouvez ! a-t-il dit.
Quand on est trois enfants débrouillards, c'est facile de trouver du bois. Rapidement, Olivia, Babette et Cassian en ont fait une telle provision que papa est débordé. Que faire ? Il y en a trop !
Le jardin est encombré.

14

Mais papa a une idée.
– Suivez-moi, les enfants, dit-il en emmenant ceux-ci au fond du jardin, et amenez tout le stock de bois que vous avez ramassé.
Les enfants s'interrogent : quelle idée a-t-il derrière la tête ? Ce n'est pourtant pas là qu'on fait le feu ?...
– Allons, les enfants, du nerf ! dit alors papa.
Il en faut pour construire une cabane !
– Youpi ! s'exclament les enfants.
– C'est beaucoup mieux comme ça ! dit Cassian, tout heureux de ce nouveau programme.

15 Aladin et la lampe magique

Aladin vivait avec sa maman, ils étaient pauvres.
Un jour, un vieil homme se présenta comme étant l'oncle Ali. En réalité, c'était un méchant sorcier.
Il emmena Aladin dans le désert et lui demanda de faire un feu. Puis il jeta une poudre magique dans les flammes : la terre s'ouvrit, dévoilant une grotte.
– Prends cette bague, lui dit alors le sorcier.Cette bague te protégera des mauvais génies qui habitent cette grotte.

Descends-y et rapporte-moi une lampe à huile. Aladin vit tant de pierres précieuses qu'il contempla longuement ces trésors. Impatient, le vieux sorcier mura l'entrée de la grotte. Aladin était terrorisé. Machinalement, il fit tourner l'anneau du sorcier autour de son doigt et... un bon génie apparut, lui demandant ce qu'il désirait. Aladin remplit un coffre de pierres précieuses et dit qu'il voulait revenir chez lui. Un instant plus tard, c'était chose faite et le jeune homme raconta à sa mère tout ce qui lui était arrivé. Grâce à cette lampe qui était aussi magique, Aladin devint très riche. Il épousa la fille du sultan.

16

17

Un peu plus tard, Aladin dut partir à l'étranger. Le vieux sorcier, jaloux de la fortune d'Aladin, profita de son absence pour reprendre la lampe magique. Aussitôt, il commanda au génie de transporter le palais d'Aladin en Afrique. Quand ce dernier revint de voyage, il se rendit compte de ce qui s'était produit. Il fit tourner l'anneau magique et se retrouva aussi en Afrique. Il réussit à reprendre la lampe et fit disparaître le vieux sorcier. Il vécut longtemps et heureux grâce au bon génie.

18 Mangetou et la coccinelle

En été, lorsqu'il fait très chaud, les rosiers grouillent de petits pucerons qui courent sur les tiges et sur les feuilles, sans se soucier des terribles épines. L'un d'eux s'appelle Mangetou. Il raffole des pétales de rose qu'il suce à longueur de journée. Lorsqu'il est repu, Mangetou décide de se reposer au creux d'un pétale et de se rafraîchir de temps à autre à une goutte de rosée qui perle près de lui :
« Ah ! Que la vie est douce en cette fleur », songe-t-il. Et il s'endort. Mais Mangetou est bien imprudent de se prélasser ainsi. Les prédateurs ne sont pas loin…

19

Justement, Mireille, la coccinelle, vient de se poser sur le rosier. Elle ferme délicatement ses ailes et grimpe d'une tige à l'autre.
– Je meurs de faim, dit-elle.
Et, tout en trottinant, elle avale les petites bestioles qui fuient désespérément sa trompe gourmande. Mangetou, de son côté, est réveillé par ce remue-ménage. Sentant le danger, il fait glisser la petite perle de rosée sur la méchante coccinelle qui se voit forcée d'aller déjeuner ailleurs.

Jour de pêche

20

La famille Bouchard campe au bord d'une rivière... Tôt le matin, Samuel et son père quittent la caravane pour aller à la pêche aux ablettes. Une bonne friture de poissons, de l'ail, du persil, du citron et du pain de campagne ! Miam ! Rien que d'y penser... ils en ont l'eau à la bouche.

– Il ne suffit pas d'y penser, dit papa en préparant sa longue canne, il faut surtout les attraper.

– Avec nos appâts, cela ne tardera pas ! répond Samuel, plein de confiance. Tu vas voir !

Et ça marche bien : les ablettes se laissent facilement prendre au piège. Sitôt décrochés, les poissons sont placés... devinez où ?

21

Dans un seau rempli d'eau.

Samuel tient les comptes :

– Et hop ! Voilà le treizième !

À ce moment, Canelle, le cocker de madame Laquille, s'approche des deux pêcheurs. Son gros derrière heurte le seau qui se renverse... la friture retombe à l'eau et Canelle détale sans demander son reste.

– Oh, non ! gémit Samuel en se tenant la tête à deux mains.

– Ce sont des choses qui arrivent ! sourit papa.

À la cueillette des champignons

22

– M'accompagnes-tu demain à la cueillette des champignons, Matthieu ? demande Sophie à son frère. Comme il fait humide et chaud ce soir, il y en aura…
– Quelle bonne idée ! s'écrie Matthieu, fou de joie. Connais-tu un bon endroit ?
– Bien sûr, répond Sophie, il y a le champ où la mère Joëlle fait paître ses vaches. C'est un excellent endroit, tu verras…
– Oui, mais il est préférable de trouver un pré avec des chevaux. Les champignons adorent le crottin !
– Fais-moi confiance, dit Sophie. Mais il est tard et demain il faut se lever très tôt…

23

Dès l'aube, nos deux amis sont prêts. Chaussés de leurs bottes et munis d'un grand panier, les voilà dans le champ de la mère Joëlle.
– Il faut « ratisser » le champ de part en part, conseille Sophie. Toi, marche de ce côté, je m'occupe de l'autre.
– Oh, là ! toute une famille de champignons, s'exclame Matthieu. Ouvre ton panier, Sophie.
– Mais non, ceux-là ne sont pas comestibles, dit Sophie. Regarde : ils n'ont pas de queue, ce sont des vesses-de-loup !

La colombe et la fourmi

24

Une colombe avait l'habitude de se désaltérer à l'eau d'un clair ruisseau. Un jour, une fourmi, qui passait par là, se pencha sur l'eau, et d'un pas malencontreux, y tomba. La vaillante fourmi essaya bien de nager et de se rapprocher de la rive, mais sans résultat. Ce cours d'eau était un océan pour elle. La colombe, tout en buvant, aperçut l'insecte qui allait mourir. Il fallait l'aider, mais comment ? Soudain, l'oiseau repéra un brin d'herbe, le jeta dans l'eau près de la fourmi qui parvint à se hisser sur ce promontoire. Elle était sauvée et regagna la terre ferme. Était-elle au bout de ses peines ?

25

L'oiseau vit la fourmi saine et sauve. Mais, voilà qu'un paysan passa dans les environs. Il marchait sans faire de bruit, un fusil sur l'épaule. La colombe ne se méfia pas. L'homme s'apprêta à tuer cet oiseau qu'il voyait déjà dans son assiette. La fourmi vit le geste meurtrier qui se préparait et, sans hésiter, elle piqua le paysan à la cheville. Il se retourna, la colombe l'entendit et s'envola, tout comme le repas de l'homme. On a souvent besoin d'un plus petit que soi.

Marchand de rêve et de sable

26

Nora est sur le point de s'endormir. Secrètement, elle espère qu'aujourd'hui le marchand de sable sera d'accord pour l'emmener avec lui dans son merveilleux pays au bord de la mer. Soudain, la voilà qui se sent comme transportée dans les airs. Merveilleux ! Sans comprendre ce qui lui arrive, elle se retrouve sur la plage, entourée de quantité d'autres enfants qui s'amusent.
– Viens jouer avec moi, entend-elle, je trace un dessin dans le sable et tu dois deviner de quoi il s'agit.
– Non, viens plutôt de ce côté, entend-elle un peu plus loin. Nous faisons un concours de châteaux…

27

« C'est merveilleux, le sable ! Comme ils sont drôles, ceux-là », pense-t-elle en regardant des enfants qui marchent à reculons sur une piste de coquillages. Et ceux-ci qui font un concours de lancer avec des seaux et des ballons de toutes les couleurs. Enthousiaste, Nora applaudit :
« C'est le plus beau terrain d'aventures que j'aie jamais vu, se dit-elle. On dirait que je rêve… »
Nora ne croit pas si bien dire : en effet, elle rêve. Mais que d'idées de jeux pour les vacances prochaines !

28 La récolte des pommes de terre

– Profitons de ces derniers jours de vacances pour récolter les pommes de terre ! déclare papa.
– D'accord ! approuve Benoît, l'aîné de ses fils. Tu viens, Philippe ?
– J'arrive ! répond le cadet.
Le travail commence : papa déterre les tubercules et les garçons nettoient les pommes de terre, puis emplissent leurs récipients. Déjà, Benoît ramène ses deux seaux à la maison et étale les légumes sur les pavés de la cour… Philippe, lui, traîne un peu plus que son frère. Pour quelle raison, me direz-vous ?

29

Vous le saurez bientôt…
Au quatrième voyage, maman apporte une limonade.
À ce moment, Philippe trébuche sur le râteau et renverse les seaux.
Madame Duchêne s'aperçoit que les deux récipients sont à moitié vides : le chenapan a bourré le fond avec du gros papier gris !
– Vilain tricheur ! gronde maman. Tu devrais avoir honte de ta conduite.
– Benoît se reposera pendant que tu rattraperas ton retard ! conclut papa. Au travail, mon ami !

30

Retour de vacances

Roger, Cathy, Marc et leurs parents ont passé de merveilleuses vacances au bord de l'Adriatique...
– J'aime bien les voyages en train ! déclare Cathy en regardant le paysage qui défile à toute allure.
– Demain à midi, nous arriverons à destination ! dit papa en souriant. Nous allons manger, puis tous au dodo !
– Je n'ai pas sommeil, enchaîne Marc en bâillant, mais j'ai faim !
Sitôt le repas terminé, les enfants ne tardent pas à s'endormir sur leur couchette... et sans berceuse. Le lendemain, vers midi, papy et mamy attendent sur le quai. Dans le wagon 5, monsieur Dumont s'occupe des valises.

31

– Pas de panique ! conseille papa. Attendez que le train soit arrêté avant de vous engager dans le couloir.
Le débarquement se déroule sans le moindre problème. Roger, Cathy et Marc embrassent leurs grands-parents et...
– Mes coquillages ! s'écrie Roger.
Trop tard : le train démarre !
– Ne t'en fais pas ! lui dit maman. L'année prochaine, tu en ramèneras de plus beaux encore.

La rentrée des classes

1

Le grand jour est arrivé. Les enfants prennent le chemin de l'école. Les « anciens » retrouvent leurs amis. Les « nouveaux » s'avancent timidement sur la cour de récréation... Certains « petits », tenant la main de papa ou de maman, s'efforcent de retenir leurs larmes. D'autres, accompagnés par la grande sœur ou le grand frère, paraissent moins inquiets : ils savent qu'ils se reverront à la récréation. Déjà la sonnerie retentit. Les rangs se forment. Les pleurs éclatent, car il faut quitter maman et accompagner une maîtresse ou un maître, des inconnus... Mais, en classe, que va faire la maîtresse ?

2

Elle distribue de beaux cahiers, un crayon, une gomme, une règle... La maîtresse fait connaissance avec ses élèves, leur demande de raconter leurs vacances, leurs voyages...
Les « grands », eux, travaillent déjà : inscrire le titre de chaque cahier sur la première page, aider l'instituteur pour la distribution des livres de lecture...
Midi sonne. Les parents impatients attendent à la grille, prêts à poser de nombreuses questions à leurs enfants.

3

La petite Poucette

Il était une fois une jeune femme fort triste de ne pas avoir d'enfant. Un matin, dans le cœur d'une fleur, elle découvre une toute petite fille ! Elle décide de l'appeler Poucette. Une nuit, un gros crapaud aperçoit Poucette endormie. Il la trouve si jolie qu'il l'emmène. « Elle fera une belle épouse pour mon fils », se dit-il. Il la transporte jusqu'à l'étang et la dépose sur une feuille de nénuphar. Le matin, quand Poucette se réveille, elle se met à sangloter. Les poissons de l'étang décident de l'aider à se sauver. Un papillon remorque la feuille jusqu'à la rive. Un hanneton la transporte dans un pré. Poucette y passe l'été à se nourrir de fleurs. Mais l'été ne dure pas toujours…

4

Vient l'hiver, et Poucette a froid et faim. Enveloppée dans une feuille, Poucette rencontre une souris qui l'accueille dans sa maison. Poucette l'aide de son mieux à faire la cuisine et le ménage. En rendant visite à leur voisin, monsieur Taupe, elle trouve une hirondelle blessée dans un couloir.

– Il faut la soigner, dit Poucette.

Elle étend une couverture sur l'oiseau à demi mort de froid. Et le cœur de l'hirondelle se remet à battre.

5

À force de soins, l'hirondelle est vite guérie. Bientôt, le printemps arrive et l'oiseau s'envole dans le ciel bleu. La vie de Poucette redevient un peu triste. Un jour, monsieur Taupe décide de l'épouser. Elle sort pour dire adieu au soleil et aux fleurs. Elle voit alors dans le ciel l'hirondelle qui lui crie :
– Viens, je t'emmène au pays du soleil !
Elle accepte. Dans ce pays, Poucette rencontre un lutin qui la demande en mariage.
Elle l'épouse et ils vivent très heureux.

Les poires cuites

6

Fabian et Sandrine ont cueilli des poires du verger et les apportent à leur maman.
– Merci, mes chéris ! sourit-elle. Lorsque vous reviendrez de l'école, les poires seront cuites.
– Avec du sirop ? demande Fabian.
– Bien sûr, coquin ! Maintenant, filez, sinon vous arriverez en retard !
– Au revoir, maman ! disent-ils.
Seront-elles aussi bonnes que la dernière fois ?

7

À l'heure du goûter, Sandrine et son frère s'installent à la table de la cuisine. Madame Delcour leur sert une énorme poire cuite ruisselante de sirop épais et brun. Les enfants y mordent à pleines dents.
– Excellent ! apprécie Fabian.
– Délicieux ! ajoute sa sœur.
C'est tellement bon qu'ils se mettent du sirop partout : les mains, le nez, les joues, le menton…
– Maman, tu es vraiment une bonne cuisinière ! déclarent les enfants en déposant sur ses joues un gros bisou bien collant.

Cueillette surprise

8

Chic ! C'est la saison des mûres !
Pierre et Sophie ont décidé papa et maman : demain, ils partiront au bois Joly.
Le lendemain, catastrophe ! Loin de la ville, dans un petit chemin de terre, la voiture s'arrête, en panne ! Que peut faire papa, sinon partir à la recherche d'un garagiste ?
Pendant ce temps, les enfants se promènent. On ne sait jamais…
Peut-être vont-ils trouver des mûres ?

9

Eh bien non ! Pas de mûres derrière les haies du petit chemin où la voiture de papa est tombée en panne !
Les enfants sont très déçus.
– On ne va tout de même pas rentrer avec nos seaux tout vides ? disent-ils.
– Levez donc les yeux, dit alors maman. Il y a autour de vous des dizaines de noisetiers qui n'attendent que vous. Allez, au travail !
D'accord : les confitures, ce sera pour un autre jour ; mais, tout compte fait, les noisettes, c'est délicieux !

Un charmant petit village 10

Qu'ils sont beaux, les champignons des bois en automne ! Il y en a de toutes les formes et de toutes les couleurs : des petits jaunes tout ronds, des trompettes violacées, des chevelus... Sous la futaie, il y a un véritable petit village de champignons. Chacun est surmonté d'un toit aux tuiles rouges et blanches. On dit que des lutins y habitent... Allons-y voir !

11

Un petit lutin nous accueille gaiement.
– Bienvenue à Tue-Mouches ! dit-il. Je suis le maire du village. Voici Marteau, le charpentier : il est chargé de réparer nos maisons. Là, c'est Bouffi, le chef cuisinier. Notre village s'appelle ainsi, car nous n'aimons pas être dérangés par les mouches. Le jour, nous dormons, et personne ne peut nous voir. Nous ne sortons qu'à la nuit tombée. Nous ramassons toutes les mouches pour les oiseaux. Qui a dit que nous n'existions que dans les contes ?

Dans la clairière

12

Ce soir, au fond des bois,
tous les animaux sont en émoi.
Un grand combat aura lieu à la clairière et opposera deux cerfs de la harde. Matthieu et son papa sont perchés dans un mirador et attendent patiemment… Soudain, un grand cri résonne dans la forêt.
– Ne crains rien, Matthieu, dit son père. Le combat va commencer : la harde s'approche.
Surtout pas un bruit !

13

Les biches et les jeunes cerfs se disposent en cercle, tandis que les deux combattants affûtent leur ramure.
Pourquoi se battent-ils, demande Matthieu ?
– Le vainqueur deviendra le chef de la harde, répond son papa. Le duel a commencé. Têtes baissées, les cerfs entremêlent leurs bois et luttent.
– Heureusement, dit le papa de Matthieu, les cerfs savent s'arrêter à temps et ne s'entre-tuent pas pour désigner le chef de la harde.

Trente-six étoiles... 14

– Le week-end prochain, dit l'instituteur, monsieur Gérard, vous viendrez tous à la maison le soir, et nous observerons les étoiles avec ma grosse lunette astronomique.
Monsieur Gérard n'est pas un rigolo, et quand il propose quelque chose, on ne peut refuser.
Les nuits sont dégagées en ce mois de septembre et, comme les jours sont plus courts, la classe n'ira pas au lit trop tard. Bien sûr, avant, il faudra apprendre les noms des étoiles.

15

Voici le week-end tant redouté. Les enfants sont un peu effrayés de cette leçon du soir, dans le noir, où il va falloir tout le temps regarder en l'air. Et il s'agira d'être attentifs, car monsieur Gérard ne se privera pas d'interroger ses élèves !
Tout est prêt. L'instituteur déploie sa lunette et, tout à coup… BRAOUM! … un orage éclate ! En un clin d'œil, tout le monde est trempé. Vite ! Tous à l'intérieur ! Les étoiles, ce sera pour une autre fois. En attendant, chacun se console devant un grand bol de chocolat chaud.

Les petits lutins

16

Il était une petite ville calme et prospère. La nuit, de gentils lutins venaient terminer le travail de chacun. Le boulanger, qui devait se lever en pleine nuit, somnolait près de son pétrin. Les lutins préparaient la pâte, la pétrissaient, façonnaient et enfournaient les miches, surveillaient la cuisson et ressortaient les pains cuits à point.
Qui aidaient-ils encore ?

17 Le boucher devait encore saler les jambons, préparer les charcuteries. Les lutins le faisaient à sa place quand il prenait un peu de repos, la nuit. Le menuisier n'arrivait pas à terminer sa commande. Qu'importe ! Les lutins avaient vite fait de mener cette tâche à bien. Le marchand de vins dormait, ayant un peu trop bu ; il avait encore cinq tonneaux à mettre en bouteilles. À son réveil, le travail serait effectué. Les gentils lutins pensaient aussi aux mamans surchargées de tâches ménagères et qui n'avaient jamais de repos. Les lessives étaient faites. Ils assuraient aussi les raccommodages et le repassage. Quant au petit tailleur, malade en ce moment, le costume qu'il devait fournir était entièrement terminé au petit matin.

18

Sa femme était une mégère au caractère impossible et quelques heures de tranquillité lui feraient le plus grand bien. Hélas, la méchante femme, trouvant que les lutins favorisaient la paresse de son époux, résolut de les chasser de la ville. Un soir, elle guetta leur arrivée et les reçut à coups de balai. Les lutins décidèrent aussitôt de s'en aller aider les habitants d'une autre ville et, à partir de ce jour, chacun dut assumer la totalité de son travail.

Le flair de Tommy

19

Comme elle est coquette, en automne, la nature ! Elle choisit les plus belles couleurs pour s'habiller : le rouge, le jaune, le brun et, bien sûr, le vert. Profitons du temps souvent sec et des derniers rayons du soleil pour aller admirer tout cela sur place et, peut-être, pour rapporter une collection de feuilles de toutes les couleurs. Et pourquoi pas inviter nos meilleurs amis ? Pour que le plaisir soit complet, papa fera un jeu de piste ; mais, au lieu des flèches habituelles, il utilisera des petites boulettes de viande et c'est le fidèle chien Tommy, tenu en laisse par les enfants, qui les aidera à suivre la piste. Allons-y, c'est parti !

20

Quelle belle promenade ! Tommy, sûr de lui, promène tout le monde dans les prairies, les sentiers forestiers, les forêts. Mais que se passe-t-il ? Tommy semble plus nerveux, plus empressé ; il tire de plus en plus fort sur sa laisse. Il entraîne tout le monde dans des passages de plus en plus difficiles. On dirait qu'il a fait une découverte. Qu'est-ce donc ? Non ! Ce n'est pas papa, caché comme prévu avec le goûter. C'est une famille de chevreuils. Allons vite le raconter à papa !

21 La plainte du chêne

C'est l'automne ! Un vieux chêne se lamente auprès de son voisin sapin…

– De quoi ai-je l'air, maintenant ? Le vent emporte toutes mes feuilles…

– Elles vous reviendront au printemps, dit le sapin.

– Oui, mais en attendant je vais prendre froid… Que la nature est injuste ! se plaint-il.

– Je ne perds aucune aiguille, moi, ajoute le sapin, mais l'hiver ne m'épargne pas moins de ses frimas.

– Je sais ; mais je suis triste chaque année, répond le chêne. Maintenant, je vais m'endormir et tâcher d'oublier mon malheur.

À ce moment, le vent souffle un air délicieusement tiède sur le vieillard.

22 Le chêne et le roseau

Un magnifique chêne vivait seul dans un pré. Un roseau avait pris racine près de la rivière toute proche et, à la moindre occasion, le chêne n'hésitait pas à rappeler sa force et sa prestance au petit roseau.

– Vous pouvez vous plaindre à Dame Nature, se plaisait-il à dire. Un roitelet est pour vous un pesant fardeau. Le moindre vent qui fait rider la surface de l'eau vous oblige à baisser la tête alors que, non content d'arrêter les rayons du soleil, je peux aussi braver la tempête. Si au moins vous étiez né à l'abri de mon feuillage, vous n'auriez pas tant de maux à supporter.

23

Mais non, au lieu de cela,
vous vivez sur les bords humides
où il y a tant de brume.
– Je suis mince, je le sais ; je plie,
en effet, mais ne romps pas !
Quelques jours plus tard, une tempête
d'une rare violence se déclencha, balayant tout sur
son passage. Le grand arbre, si robuste et fier,
dut s'avouer vaincu et sa fin fut terrible :
il fut déraciné ; tandis que le petit roseau,
qui n'avait offert aucune résistance et
avait plié, n'avait subi aucun dommage.

La confiture de prunes

24

Madame Dupré, la maîtresse d'école,
a décidé de montrer à ses élèves
la manière de faire de la confiture.
– J'ai des prunes dans mon verger !
déclare Angélique. Et mes parents sont
d'accord pour la cueillette !
– Allons-y tout de suite, alors !
Dix minutes plus tard, la classe
de madame Dupré arrive au pied du prunier.

25

– Choisissez les plus mûres, mes enfants ! Ce sont les plus sucrées.
Mais que se passe-t-il ?
Des guêpes, dérangées par les petits élèves, se montrent très menaçantes.
– Allons-nous-en ! conseille la maîtresse calmement.
De retour en classe, madame Dupré s'aperçoit que Lucien grimace.
– Que se passe-t-il, bonhomme ? lui demande-t-elle.
– J'ai été piqué à la fesse ! répond le garçon en rougissant.
Et tout le monde éclate de rire.

Noisi l'écureuil

26

– Bonjour, les amis !
Je m'appelle Noisi, l'écureuil. Et vous ?
– Je m'appelle Sophie et te présente mon petit frère, Matthieu. Que fais-tu ? Tu as l'air si agité !
– Je fais mes provisions pour l'hiver.
Et il faut aller vite. Beaucoup d'animaux se préparent, et si je traîne, il ne restera ni noisettes, ni glands, ni faînes…
– Peut-on t'aider ? suggèrent en chœur les enfants.

27

– D'accord. Ramassez tous les fruits secs que vous trouverez. Je construis un petit grenier…
Tous s'attellent à la tâche.
– Merci de votre aide, les amis. Mais, euh… j'ai oublié ma cachette…
– Là, dans l'arbre creux, dit Sophie.
– Es-tu sûre ? demande Noisi. Il me semblait que c'était ici, derrière ce massif.
– Non, Noisi, c'est dans l'arbre creux, assure Matthieu.
– Vraiment ? Allons-y alors… Ah, décidément, je perds la mémoire !

Le pré aux champignons

28

– Et alors, les enfants, vous n'allez pas chercher des champignons ? Les prairies en sont pleines pour le moment, dit monsieur Balthazar, le vieux fermier. Je vais vous indiquer un bon endroit, et vous montrer dans un livre quels sont ceux qu'il vaut mieux laisser de côté.
Bientôt, les enfants se mettent en route. Heureusement qu'ils ont mis des bottes, car il fait fort humide !

29

Monsieur Balthazar ne les a pas trompés : à chaque pas, les enfants découvrent un champignon.

Ils n'ont pas remarqué, au fond de la prairie, la vache Maria, intriguée par leur manège. Elle s'approche et renifle bruyamment dans le cou de Jérôme. Celui-ci, effrayé, s'enfuit aussi vite qu'il peut. Mais catastrophe ! Il s'empêtre dans ses bottes et s'étale de tout son long avec le panier presque rempli. Mais Maria ne fait rien, elle n'aime pas les champignons !

Premier coup de fil 30

Tom a trois ans aujourd'hui !
Il adore jouer avec le téléphone de la maison. Mais papa et maman lui ont déjà dit plusieurs fois que ce n'est pas un jouet !
Pour son anniversaire, Tom a la permission de donner son premier coup de fil à ses grands-parents. Maman compose le numéro sur le cadran.
– Allô ! Mamy, c'est Tom dit-il, tout fier.

1

La Belle au bois dormant

Tout le royaume était en joie : la reine venait de mettre au monde une mignonne petite fille. Le roi invita toutes les fées à une grande fête. Les bonnes dames dotèrent la petite princesse de très nombreux dons. Mais le roi avait oublié d'en inviter une. Cette dernière, outrée, se présenta devant le nouveau-né et prédit que l'enfant mourrait le jour de ses seize ans après s'être piquée à un rouet. Atterré, le souverain fit interdire tous les rouets dans son royaume. Toutefois, une bonne fée transforma le mauvais sort en un sommeil de cent ans. La princesse grandit en beauté et en sagesse.

2

Le jour de ses seize ans, elle s'arrêta devant une petite porte. Elle pénétra ainsi dans une chambre minuscule où une vieille femme filait de la laine. Elle s'approcha du rouet et le toucha. Malhabile, elle s'y piqua au doigt et aussitôt tomba profondément endormie. Et avec elle, tous les habitants du palais s'endormirent là où ils se trouvaient. Seule la végétation ne subit pas de sort et durant des années, elle grandit tellement qu'elle enferma le palais dans une enceinte de buissons épineux.

3 Cent ans passèrent ainsi. Puis un beau jour, un jeune prince passa dans les parages. Il remarqua l'étrange mur de ronces et s'en approcha. Il atteignit bientôt la demeure royale où il découvrit la jeune fille endormie. Il la trouva si belle qu'il l'embrassa. Aussitôt, elle se réveilla et chacun dans le palais fit de même. Et quelques semaines plus tard, la belle princesse épousa le jeune prince et ils vécurent très heureux.

4 Histoire de noix

Mamy vient de raconter une histoire à Barbara, sa petite-fille. Vous savez, celle du petit ver qui avait froid en automne : il s'était fait, avec l'aide de l'escargot, une maison en coquille de noix.

– Quel petit malin ! s'exclame Barbara. Jamais je n'aurais songé à utiliser de cette façon une coquille de noix.

– Oh, il y a bien d'autres choses à faire avec des coquilles, dit mamy. Nous verrons ça demain.

5

Comme promis, sur la table, mamy a étalé un gros sachet de noix. Et, tout près, il y a tout le matériel qu'il faut pour transformer les coquilles en personnages ou en jouets. Inspirée par l'histoire du petit ver, Barbara a décidé de réaliser une tortue.
– Et moi, dit mamy, je vais créer des petites souris. En glissant une bille sous leur dos, on pourra même faire des courses. Mamy et Barbara se mettent au travail. Qui aurait cru qu'on pouvait faire tant de choses avec des noix ?

La chasse est ouverte

6

PAN! PAN! PAN!
Jeannot Lapin ne sait où se cacher. Impossible de mettre le museau dehors : les balles sifflent sans arrêt. Jeannot décide de se tapir sagement au fond de son terrier. Soudain, il sent la terre remuer et entend un chien aboyer. Que faire ?
« Je dois creuser et m'enfuir à toutes jambes vers le terrier voisin…»

7

Après de pénibles efforts, Jeannot débouche dans la maison du lièvre.
– Tiens, quelle surprise ! Tu pourrais au moins entrer par la porte !
– La chasse est ouverte, monsieur le Lièvre. Un chien est à mes trousses !
– Pas de panique, mon ami. Dans ces cas-là, j'ai tout prévu. Suis-moi.
Aussitôt, monsieur le Lièvre emmène Jeannot dans un creux bien abrité.
– Referme bien ce passage derrière toi. Dans deux minutes, nous serons dans le jardin de Matthieu. Là, nulle crainte d'être traqué par ces vilains chasseurs.

8 Bataille d'oreillers

Le grand plaisir de Pierre et de Gilles, c'est de faire, chaque matin au réveil, une grande bataille d'oreillers. Mais aujourd'hui, cela s'est mal terminé. Tout allait bien jusqu'au moment où ils ont renversé et cassé la nouvelle petite lampe de chevet de Gilles. Alertée par le bruit, maman est arrivée et a grondé :
– Désormais, j'interdis les batailles de coussins !

9

– Zut ! dit Gilles, tout déçu.
– Ne t'inquiète pas, dit Pierre ; j'ai une idée : dès que nous serons prêts, nous irons chercher des sacs en plastique dans l'armoire.
– Je ne vois pas où tu veux en venir ; mais je te suis, dit Gilles, intrigué.
Bientôt les deux enfants sont dehors.
– Allez, dépêche-toi, dit Pierre. Ici, maman a permis de jouer. Remplis donc de feuilles mortes nos sacs. Ils feront des oreillers parfaits !
Gilles est ravi. Quelle aubaine d'être en automne !

10 La saison rousse

L'automne est bien là et la nature s'engourdit avant le sommeil d'hiver. Madame Boulanger étale sur la table les photos prises au cours de l'excursion, il y a quinze jours, en Ardenne.
– Regardez ces arbres et dites-moi à quoi ils vous font penser !
Les élèves se penchent et observent. Les fronts se rident, les esprits travaillent.

11

– Ce marronnier roux me fait penser à la chevelure de Marcel ! dit Luc. Chacun éclate de rire.
– Le saule pleureur ressemble à une fontaine d'or liquide ! dit rêveusement Marie. Et ces épicéas sont pareils à des émeraudes dans un écrin garni de soie jaune.
– Bravo ! Mais où vas-tu chercher tout ça ? demande Fanny.
– Je lis beaucoup ! explique Marie. C'est très utile pour les rédactions. De plus, en lisant, je m'instruis et je voyage partout… sans quitter ma maison.

12

Ne pas confondre

Je m'appelle Chati.
Je ressemble beaucoup à Pico, le marron. Comme lui, j'habite dans une petite bogue verte hérissée de piquants, mais plus petite.
Mais, contrairement à Pico que personne ne mange, tous les animaux raffolent de moi, les écureuils surtout.
Sais-tu que les hommes aussi apprécient ma saveur ? En hiver, ils me passent au feu et s'écrient alors : « Chauds les marrons, chauds ! ».

13 Les hirondelles

L'automne est bien installé : les feuilles jaunissent et les jours sont plus courts. Zip, la petite hirondelle, a quitté notre région pour aller passer l'hiver loin au sud, en Afrique, dans des contrées plus chaudes.
Zip parcourt plusieurs milliers de kilomètres chaque année. Quel formidable exploit !
Son nid, collé au coin de notre fenêtre, attend son retour avec impatience. Dans quelques mois, elle reviendra avec le printemps. À bientôt, petite hirondelle, et bon voyage ! Sais-tu qu'un nid d'hirondelle sous ton toit ou ta fenêtre apporte le bonheur à la maison ?

14 Mieux vaut partir à temps !

Damien est très gourmand.
Tous les matins, avant de partir à l'école, il se prépare : tartine, biscuits, fruits… qu'il met dans une boîte. Aujourd'hui, il s'attarde dans la cuisine. Maman lui crie :
– Dépêche-toi, Damien. Tu vas devoir courir, si tu ne veux pas être en retard à l'école !
Voyant l'heure, Damien se met effectivement à courir à toutes jambes.
Pour aller plus vite, il décide de passer par le parc. Flûte ! Voilà qu'il trébuche sur un caillou. Tout son cartable se répand par terre. Vite ! Il faut tout récupérer. Sans regarder et sans réfléchir, Damien fourre toutes ses affaires pêle-mêle dans son cartable.

15

Ouf ! Damien est arrivé à temps.
Et maintenant, gourmand comme il est, il attend avec impatience l'heure de la récréation.
Mais, que se passe-t-il ? On dirait que le cartable de Damien frémit. Tous les yeux sont tournés vers l'endroit d'où vient le bruit.
– Oh ! s'écrie Damien, stupéfait. Une souris !
Comment est-elle arrivée dans ma boîte à goûter ?
La coquine ! Elle a grignoté ma collation !
C'est sûrement tout à l'heure, quand je suis tombé…
La prochaine fois, je partirai plus tôt !

16 Oiseaux migrateurs

C'est le premier voyage de Sindy, la cigogne.
Tous les préparatifs sont prêts et, les plumes bien lissées, la voilà qui prend son envol.
Sa maman la surveille un peu :
– Dès que tu es fatiguée, préviens-moi, lui conseille-t-elle. Tu pourras t'accrocher à mes ailes.
Sindy n'entend pas se faire remorquer et rêve déjà de prendre la tête du groupe.

17

– Quels magnifiques paysages !
J'en aurai des histoires à raconter à mon arrivée ! dit Sindy.
Mais elle ignore les dangers qui l'attendent.
Un peu plus tard, un violent orage éclate.
Sindy est effrayée et vole vite s'abriter sous l'aile de sa maman. Puis, la neige empêche les oiseaux de trouver leur route. Au-dessus de la mer, Sindy a eu la peur de sa vie : un énorme tourbillon a failli l'emporter.
Heureusement qu'un navire a pu accueillir la famille entière.
Oh ! là là ! Que d'aventures !

18

Le vilain petit canard

Maman Canard est fière de ses canetons.
Chaque matin, elle les conduit à la mare et leur apprend à plonger, à rechercher vers et autre nourriture, à se défendre des prédateurs, enfin bref, à se comporter comme de vrais canards. Elle a couvé cinq œufs, veillé sur eux jour et nuit et maintenant elle voit ses petits grandir près d'elle.

19

Elle est cependant triste quand elle regarde l'un deux. Il n'est vraiment pas comme les autres, il est plus grand, mange beaucoup plus et marche si mal. En un mot, il est vilain. Au bout d'un mois, le vilain caneton, comprenant qu'il dérange, essaie de se débrouiller tout seul puisque sa mère le repousse. Dans les bois environnants, il rencontre de nombreux oiseaux qui lui apprennent à fuir les chasseurs, à se protéger du fusil qui tue. La vie est dure pour ceux qui sont restés au bord de l'étang et le vilain petit canard apprend que certains, tels les colverts et les cygnes, ont préféré s'envoler pour des régions au climat plus doux. L'hiver est arrivé, l'étang est gelé, la neige recouvre la terre et il est difficile de trouver de la nourriture.

20

Désespéré, le vilain petit canard quitte l'étang et marche…
Il arrive finalement, épuisé, devant une petite maison, se couche près de la porte et s'endort.
Quand il se réveille, il se trouve devant un bon feu, sur une couverture, un plat de grains à côté de lui. Il a été recueilli par la vieille femme qui habite là. Au printemps, il retourne à l'étang. Se penchant pour boire, il aperçoit un bel oiseau blanc dans le miroir de l'eau. Il est devenu ce superbe cygne blanc, lui, le vilain petit canard.

Pico a le vertige !

21

Quel vent !
Les feuilles s'en donnent à cœur joie.
Pico, un petit marron tout rond et tout luisant, se cache au creux de sa bogue verte. Tout en haut de son marronnier, il a le vertige. Tous ses amis sont déjà tombés. Lui, il a peur et n'ose pas sauter :
« Je n'ai pas envie d'être percé d'allumettes et transformé en vilain animal ! » se dit-il.
Pico cherche à se cramponner, mais :
– Il me faudrait des bras, gémit-il. Ou mieux, des hélices. Ainsi, je pourrais m'envoler bien loin et atterrir sur une douce prairie…
Au même moment, une rafale secoue la branche où il s'agrippe et l'emporte.

22

PLOC! Voilà Pico qui roule sur le sol.
La chute n'a pas été trop dure.
Matthieu, qui ramasse des feuilles pour son herbier, l'a entendu rouler.
« Oh ! le beau marron, se dit-il. Je suis sûr que, si je le mets en terre, il deviendra un arbre superbe. »
Rentré à la maison, Matthieu creuse un trou dans le jardin et y enfonce Pico.
– Que tu es gentil ! lui dit Pico. Je te promets que je deviendrai aussi grand que les marronniers de l'école, mais il me faudra beaucoup d'années…

Promenade en forêt

23

Les élèves de quatrième année partent en promenade dans la forêt.

– Voici des noisettes ! explique monsieur Duval, l'instituteur.

Ah ! Un marronnier… et un châtaignier. Dites-moi, mes enfants, lequel de ces deux fruits secs a le meilleur goût ?

– Les marrons ! répond Isabelle.

– Les châtaignes ! dit Sylvain.

– Nous goûterons les deux ! décide le maître. Ramassez-en pendant que je fais du feu.

Monsieur Duval entasse des herbes sèches et des branches mortes au milieu d'un cercle de grosses pierres, puis craque une allumette.

24

Les enfants apportent les fruits secs et font deux tas séparés.

Le maître entaille la peau des châtaignes.

– Ainsi, dit-il, elles n'éclateront pas au cours de la cuisson.

L'instituteur place les marrons et les châtaignes sur les pierres brûlantes. Les élèves qui goûtent les châtaignes cuites se régalent, mais ceux qui mangent les marrons font des grimaces.

– Maintenant que tout le monde est d'accord, sourit monsieur Duval, jetons de la terre humide sur les braises avant de reprendre la route.

Miga et le papillon

25

Miga, l'araignée, est tout affairée. Les premiers froids se font sentir, et il faut se préparer pour l'hiver. Dès l'aube, elle tisse sa dernière toile entre deux branches.
« Pourvu qu'un moucheron ou qu'une vilaine guêpe passe par ici ! Je dois prendre des forces. »
Mais comme de fines gouttes de rosée perlent sur le filet tendu par Miga, les insectes évitent facilement le piège. Soudain, un papillon, à la recherche de quelque fleur, voltige autour de la toile sans y prendre garde. Et… hop ! le voilà pris au piège… Miga, toute réjouie d'une si belle proie, accourt. Au moment où elle s'apprête à ficeler le papillon, elle hésite. Va-t-elle le manger ?

26

– Que tu as de charmantes ailes ! On dirait des pétales, dit Miga. D'où viens-tu ?
– De grâce, madame Miga, ayez pitié d'un pauvre papillon égaré.
– Oui, mais c'est que j'ai faim, moi, dit Miga.
– Mes ailes ne vous nourriraient pas ! De grâce ! Pitié ! implore le papillon.
– D'accord, mais je ne peux pas grand-chose pour toi.
Et délicatement, Miga délivre le papillon en prenant soin de ne pas froisser ses ailes…

27 Sur un arbre perché

Lydia et Pol ont un grand-oncle chasseur. Quand c'est la saison, il part en forêt avec son fusil et passe toute sa journée à marcher, observer et fouiner. Souvent, il revient bredouille, mais la tête remplie d'images et de toutes sortes de sensations. Un jour, il explique aux enfants comment construire un poste d'observation dans les arbres. Il n'en faut pas plus pour que les enfants se mettent au travail. Bientôt l'abri est terminé. Les enfants sont fiers. Il a fallu beaucoup de branches… et de patience, mais quel beau résultat ! L'oncle Léon a promis qu'on l'inaugurerait demain. Il faudra être prêt très tôt, avec son déjeuner pour grignoter en chemin.

28

C'est le grand jour. Après une heure d'attente, Pol aperçoit un chevreuil.

– Regarde, Lydia, il approche.

– Oui, dit-elle ; mais donne-moi le pique-nique, je meurs de faim.

Catastrophe ! Pol, maladroit, laisse tomber le paquet. Impossible de le récupérer sans effrayer le chevreuil.

– Tant pis, on attendra, dit Lydia.

Mais… Ça alors ! Une famille de lapins est maintenant réunie devant ce festin. Pauvre Lydia ! Elle déjeunera plus tard. En attendant, elle dévore les lapins des yeux !

Le loup et la cigogne

29

Un jour, un loup, lors d'un banquet, ingurgite tant de mets, se presse tellement de tout manger qu'il pense y perdre la vie. En effet, il s'est laissé tenter par une volaille et un os lui est resté dans le gosier. Heureusement pour lui, une cigogne qui passe par là remarque les signes désespérés qu'il lui adresse. Elle accourt, toujours prête à rendre service quand elle le peut. D'un coup d'œil, elle se rend compte de la situation et aussitôt, sans dire un mot et sans perdre de temps, elle se met au travail. La besogne s'avère malgré tout longue et ardue. Va-t-elle y arriver ?

30

Enfin, à l'aide de son long bec, elle retire l'os. Pour une action de la sorte, elle estime pouvoir demander un salaire, ce qui est normal. Le loup, en entendant ces prétentions, retrouve bien vite sa voix.
– Comment, votre salaire ? Vous osez me demander un salaire ? lance-t-il avec colère. Vous voulez rire ? Quoi ! Il ne vous suffit pas d'avoir de mon gosier retiré votre long cou ? Vous n'êtes qu'u-ne ingrate ! Filez et ne revenez jamais sous ma patte !

31 La souris gourmande

Souricette et Minet le chat sont de grands amis et tous deux vivent dans la ferme du père Basile. Un jour, sur les conseils de la souris grise, les deux coquins pénètrent dans la cave.
– Le garde-manger se trouve dans ce coin ! explique Souricette. J'ai déjà commencé le travail hier soir.
– Dépêchons-nous ! lui conseille Minet. Je crains le fermier.
Son amie agrandit un peu le trou fait dans le grillage, puis se faufile à l'intérieur du meuble. Immédiatement, elle dévore le fromage… sans oublier d'en donner un peu à Minet, le chat. Et ils mangent tant et plus… Ils se régalent de gruyère et de saucisson. Soudain, des pas dans l'escalier...
– Attention, voilà Basile ! avertit Minet. Sauvons-nous !
Hélas ! Souricette a trop mangé et ne peut plus passer par le trou…
Et le fermier qui se rapproche ! Le chaton bouscule le garde-manger et le fait tomber sur le sol où il se brise…
La souris en profite pour détaler à toute allure.
Les deux chenapans ont eu tellement peur qu'ils décident aussitôt de ne plus jamais voler de nourriture.

Rose-Rouge et Neige-Blanche

1

Deux jeunes filles vivaient avec leur maman à la campagne. L'une était brune, elle s'appelait Rose-Rouge, l'autre était blonde et avait pour nom Neige-Blanche. Un soir, la neige avait recouvert le paysage d'un épais manteau blanc, quand elles entendirent frapper à la porte. Elles aperçurent un magnifique ours brun, transi de froid. L'ours entra et se réchauffa devant le bon feu. Il passa le reste de l'hiver chez elles, et les quitta au printemps avec tristesse. Un jour d'été, les deux sœurs rencontrèrent un nain à la longue barbe blanche.

2

Il semblait en difficulté, un aigle essayant de l'emporter. Les jeunes filles réussirent à mettre le rapace en fuite. Mais au lieu de les remercier, il les traita de façon grossière. Un peu plus tard, elles le retrouvèrent, la barbe prise dans le fil de sa canne à pêche. Elles le délivrèrent, mais le nain ne fut pas plus reconnaissant. Le lendemain, sa barbe était coincée dans le tronc d'un arbre. Les deux sœurs n'hésitèrent pas à couper cette barbe et à le libérer malgré ses méchancetés.

3

À ce moment, leur ami ours surgit des broussailles et lui donna une bonne correction.
Soudain, l'ours se transforma en un beau jeune homme, tandis que le méchant nain était changé en une grosse pierre.
Le jeune homme avait été victime d'un mauvais sort jeté par le nain. Grâce à leurs trois interventions, elles avaient détruit ce sort.
Le jeune prince épousa Rose-Rouge, tandis que Neige-Blanche épousa son frère.

Un nouvel ami

4

– Je vous présente Olivier !
annonce monsieur Lebrun à ses élèves.
Il arrive d'Arlon et habite maintenant près de chez Yvan… Y a-t-il une place libre quelque part ?
– Ici, monsieur ! signale Martin en levant la main.
– Parfait ! apprécie le maître. Anna, prends un cahier d'exercices dans le casier et donne-le à notre nouvel ami. Nous commencerons par de la conjugaison.

5

Pendant ce temps, il jette un petit coup d'œil dans les cahiers d'Olivier. Après la correction, l'instituteur déclare :
– En mathématiques, tu es très bien avancé ; mais en français, il te manque deux ou trois leçons… Qui veut aider Olivier à rattraper le retard ?
Marc lève un doigt tremblant…
Les autres enfants le regardent, surpris.
– Moi, cela ne m'étonne pas ! dit le maître. Marc est timide, mais on peut compter sur lui quand on a un problème… Je te félicite, Marc !

6

Douce rencontre

Panache cherchait un refuge pour la mauvaise saison, mais tous les endroits étaient déjà occupés. Le pauvre petit écureuil désespéré pleurnichait :
– Je vais mourir de froid si je ne trouve pas un abri avant l'hiver !
– Viens partager mon nid ! lui proposa Noisette d'une voix douce. Il y a de la place pour deux.
Les écureuils passèrent l'hiver au chaud, ne manquèrent de rien et, au printemps, se marièrent.

Purée de pois

7

Il fait très froid cette nuit, et très humide.
Comme d'habitude, Matthieu s'est blotti au fond de son lit, mais que de temps avant de se réchauffer ! Il finit tout de même par s'endormir, les pieds glacés.
Au matin, quelle surprise en s'éveillant !
« Que se passe-t-il ? se demande Matthieu en approchant de la fenêtre. On ne voit rien dehors : où sont les arbres ? L'étang a disparu ! »
Affolé, Matthieu descend vite rejoindre ses parents qui lui ont préparé un copieux petit déjeuner.
Mais il n'a pas faim, trop intrigué qu'il est par le mystère qui entoure sa maison.
Sans attendre, il se rend dans le jardin…

8

« Mais je ne peux pas marcher, se dit Matthieu. Je vois à peine mes pieds…»
Rentré à la cuisine, Matthieu interroge son père :
– Rassure-toi, fiston, lui dit celui-ci : un épais brouillard nous est tombé dessus cette nuit. Sais-tu ce qu'est le brouillard ? La maison et toute la campagne baignent dans une sorte de nuage.
Ce qui t'empêche de voir à deux pas, ce sont de fines gouttelettes suspendues dans l'air.
Sois patient. D'ici quelques heures, le soleil finira par dissiper cette purée…

9 Boîtes et bottines

Si David n'avait pas eu besoin de nouvelles bottines, jamais il n'aurait eu l'idée de demander au vendeur de lui donner des boîtes à chaussures. Quand on voit tout ce qu'on peut réaliser à partir de ces belles boîtes en carton ! David est déjà au travail. Pour plus de facilité, il s'est muni de nombreux objets qui peuvent lui être utiles : de la peinture en bombe, du papier adhésif, des rouleaux vides de papier toilette, des perles, de la colle, des ciseaux… La table est tellement encombrée que David ne sait par où commencer : il a tant d'idées ! Quel sera son premier bricolage ? Je te laisse deviner…

10

Voilà la première boîte transformée : elle est devenue un tunnel pour le petit train de bois de Xavier, le petit frère de David. La deuxième boîte sera pour Marie. Bien découpée et bien garnie, elle fera un lit parfait pour sa poupée. Maman, elle, a déjà terminé un joli panier de fruits. Elle va commencer un garage pour pouvoir ranger toutes les petites voitures des garçons. Quel bel après-midi !… Dire que David croyait s'ennuyer et devoir aller faire les courses d'avant l'hiver !

11 Le renard et la cigogne

Maître Renard se dit, un beau matin, qu'il se doit d'inviter la cigogne, sa voisine, à dîner chez lui. Ordinairement, il se nourrit de peu et ce jour-là, il ne met pas les petits plats dans les grands, loin de là. Le menu se compose uniquement d'un bouillon maigre qui est servi dans une assiette à potage. La pauvre cigogne, au long bec, n'en peut attraper une seule goutte, alors que son hôte lape le tout en un moment. Pour se venger de cette tromperie, elle l'invite chez elle, en toute simplicité.
À l'heure dite, Maître Renard se présente au logis de sa voisine.

12

Une bonne odeur s'échappe de la cuisine. La viande lui est bientôt servie, coupée en menus morceaux et bien tendre. Hélas, elle est présentée non pas dans une assiette, mais, pour l'embarrasser, dans un vase à long col et d'étroite embouchure. Le bec de la cigogne y peut bien passer, mais le museau du renard, plus épais, ne peut y pénétrer et il doit retourner chez lui l'estomac vide, honteux, la queue entre les pattes et l'oreille basse. Trompeurs, ceci est pour vous : attendez-vous à la pareille.

NOVEMBRE

13 Objets perdus

– Tiens ? Il n'y a plus de lait dans le frigo ? dit papa.
Comme c'est étrange : il me semblait pourtant que j'en avais ouvert une bouteille.
– Mais où est donc passé mon panier à linge ? se demande maman, embarrassée devant un tas de lessive.
– Quelqu'un aurait-il vu mon tricot ? crie grand-mère depuis le fauteuil du salon où elle a l'habitude de se reposer.
– Ça alors ! Il n'y a plus d'oreiller dans mon lit, s'exclame Bruno, intrigué par toutes ces disparitions subites. Ce n'est pas normal ! Il faut que je tire cette affaire au clair. Et d'abord : où est Caroline ?
Bruno fait le tour de la maison, bien décidé à retrouver sa petite sœur.

14

Bruno connaît bien Caroline et il est sûr qu'elle doit savoir où se trouvent tous ces objets soi-disant perdus. Un bruit dans le garage attire son attention : quelqu'un parle.
– Évidemment ! dit Bruno, en apercevant sa sœur penchée sur le panier à linge. Je le savais ! Mais que fais-tu là ?
– Regarde, répond-elle, je n'allais tout de même pas laisser ce pauvre petit hérisson dehors dans le froid. Je l'ai trouvé au bord de la route. Je veux qu'il reste avec nous pendant tout l'hiver !

Quels voyageurs !

15

Tous les oiseaux n'émigrent pas l'hiver. Beaucoup n'ont pas la chance de voyager vers les pays chauds et doivent se contenter des rigueurs hivernales. Simon, le moineau, envie les grands vols qui lui passent au-dessus de la tête (les oies, les grues, les cigognes). « Et si j'essayais, se dit-il. Il me faudrait un bon compagnon… » Sans attendre, il convoque son ami René, le pinson.

– Bonne idée, approuve celui-ci. Nous n'aurons qu'à suivre le prochain vol de canards sauvages…

Et voilà nos deux amis sur les traces des canards, en route vers de nouvelles aventures…

16

Après deux heures de vol, Simon et René sont fourbus.

– Je ne sens plus mes ailes, se plaint René.

– Arriverons-nous bientôt ? demande Simon, impatient.

Tous deux décident de manger dans un jardin et de se reposer. Les canards, eux, continuent leur route à vive allure.

– Nous sommes trop ambitieux de vouloir suivre les grands oiseaux migrateurs, admet René. Rejoignons sagement notre village avant que nous ne perdions notre chemin…

17

Pinocchio

Il était une fois un vieux menuisier qui s'appelait Gepetto, il n'avait pas de famille et vivait seul. Après ses journées de dur labeur, il aimait sculpter de petites poupées dans le bois. Une nuit, une bonne fée décida de le récompenser pour son rude travail et transforma une marionnette en un vrai petit garçon. Gepetto, fou de joie, lui donna le nom de Pinocchio et l'inscrivit dans la meilleure école de la ville. Hélas, Pinocchio n'avait aucune envie d'étudier et il se laissa entraîner par deux voyous rencontrés sur le chemin de l'école. Bien vite, il se retrouva prisonnier d'un montreur de marionnettes qui, entre deux représentations, le tenait enfermé dans une cage.

18

Pinocchio regretta vite sa vie d'écolier et appela la bonne fée à son secours. Cette dernière lui demanda alors de lui raconter toute la vérité, mais le petit garçon s'enfonça dans le mensonge pour s'apercevoir, atterré, que son nez s'allongeait au fur et à mesure qu'il continuait à mentir. La bonne fée, jugeant la leçon suffisante, ramena son nez à des proportions normales, le fit sortir de sa cage et lui apprit que Gepetto, rongé de chagrin depuis sa disparition, avait quitté la maison.

19

Il avait été avalé par une énorme baleine. Pinocchio, se rendant compte de tout le mal qu'il avait fait au vieux menuisier, décida de le sauver et plongea dans la mer. Il se fit aussi avaler par la baleine dans laquelle il retrouva Gepetto. Ils allumèrent alors un grand feu. Souffrant d'un terrible mal à l'estomac, le cétacé en rejeta le contenu, ce qui libéra nos deux amis. Sur la terre ferme, Gepetto reprit son travail et Pinocchio se montra un enfant exemplaire.

Les chasseurs

20

Dimitri, Alex et Sonia se promènent dans la forêt. Arrivés non loin d'une source, les enfants s'arrêtent et déposent leur sac à dos contre les gros rochers. Une crosse de fusil dépasse du sac d'Alex…

Nos amis grignotent quelques petits biscuits, puis se dissimulent en silence dans les fourrés.

Bien à l'abri des regards, ils attendent la venue des animaux sauvages au point d'eau.

21

Les trois enfants parient
à voix basse pour un chevreuil,
un sanglier ou un lièvre.
Personne n'a raison, car c'est une biche,
les oreilles dressées, reniflant à petits coups,
qui s'approche de la source à pas hésitants.
Sans bruit, Alex épaule, vise et… clic ! fait une photo !
– Je suis un terrible chasseur… d'images grâce à
ce système bricolé par mon papa ! marmonne-t-il
en tapotant sur la crosse brune et luisante..

22 Contre le froid !

Ce matin, Pol s'est levé très tôt et s'est habillé très vite. Le voici maintenant dans le jardin, occupé à une bien curieuse besogne. Avec la grande bêche du potager, il creuse de grands trous autour de tous les petits arbustes du jardin. Le facteur lui a bien demandé une explication ; mais Pol a répondu :
– Pas le temps ! Je vous le dirai un autre jour…
Mais qu'a-t-il derrière la tête ?

23

En découvrant par la fenêtre
le manège de son fils,
maman est affolée.
Elle sort précipitamment.
– Mais qu'est-ce que tu fais, Pol ?
– Enfin, maman, c'est pour les plantes et les arbustes ! J'ai entendu à la télévision qu'il allait neiger : ils vont mourir de froid ! Il faut vite les rentrer bien au chaud dans ma chambre avant qu'il gèle.
Maman lève les bras au ciel. C'est toujours comme ça avec Pol : il est rempli de bonnes intentions, mais il réfléchit si peu avant d'agir !

24 Arbres-boussoles

Matthieu s'est perdu en plein bois.
Matthieu sait que le chemin de la maison
se trouve au nord. Mais comment y parvenir ?
Matthieu s'aperçoit que les gros arbres sont tous
couverts au même endroit d'une fine mousse.
« J'ai trouvé, se dit-il. Ces mousses indiquent le nord.
Il ne me reste qu'à suivre cette direction et
je retrouverai mon chemin. »

25

Plantons des arbres

À la Sainte-Catherine, tout bois reprend racine, d'après un dicton. Les élèves de Monsieur Durand vont essayer de le vérifier… Ils plantent trois hêtres. Il ne faut pas oublier les tuteurs ! Sinon, les rafales de vent risquent de les déraciner…Ensuite, un grillage tout autour pour empêcher les chats de venir gratter les troncs…

26

– Vivement le printemps !
J'ai hâte de voir les bourgeons, puis les feuilles… dit Hélène.
– Quand atteindront-ils l'âge adulte ? demande Patrick.
– Dans quinze ou vingt ans, bonhomme !
– Alors, ça ne sert à rien : nous n'en profiterons pas !
– Non, vous n'en profiterez pas… Mais quand vous deviendrez des adultes et que vous verrez des enfants (peut-être les vôtres) jouer à l'ombre de ces arbres, vous vous direz : « C'était une bonne idée ! » Et vous serez fiers de vous !

La corneille sauvée

27

Bien qu'il fasse très froid, Matthieu a décidé
de faire une promenade en pleine campagne.
Au bord du chemin, il entend un croassement bizarre.
« Tiens, se dit-il, d'habitude, les corneilles
voltigent haut dans les arbres…»
Intrigué, il s'approche et, quelle surprise :
il aperçoit une jeune corneille tout apeurée !
« Elle semble blessée. Elle a dû être accrochée
par une voiture, ou attaquée par un faucon…»
Effectivement, l'oiseau ne peut plus voler.
Ses yeux appellent à l'aide.
– Ne t'inquiète pas, dit Matthieu à la corneille. Je vais
te soigner à la maison. Et il l'emporte délicatement
dans ses mains.

28

Confortablement installée
dans une caisse, la corneille
reprend des forces.
Pour remercier son sauveur, elle
lance quelques CROA-CROA.
– Il paraît que tu peux parler, lui dit Matthieu.
Répète après moi : MA-T-HIEU, MA-T-HIEU…
Il ne faut guère de temps à la corneille pour
apprendre la leçon. Et, gaiement, elle prononce le
nom de son ami.
– Ainsi, lui confie Matthieu, dès que tu auras besoin
de moi, tu n'auras qu'à m'appeler.
J'accourrai aussitôt.

Le marchand de marrons

29

Monsieur Bertrand est marchand de marrons. Chaque hiver, sur la grande place, petits et grands le retrouvent avec joie devant son brasero rempli de charbons ardents. La seule chose que les gens regrettent un peu quand ils le voient, c'est qu'il ne sourit jamais. Il faut dire que monsieur Bertrand vit tout seul, cela n'est pas toujours fort gai. Aujourd'hui, une couche épaisse de neige recouvre les allées. Monsieur Bertrand est sorti de chez lui, il a un long chemin à faire avant d'arriver à la grande place… Soudain, sur le trajet, le vieil homme s'arrête. Un petit tas de neige au bord de la route vient de remuer. Mais qu'est-ce donc ?

30

Prudemment, monsieur Bertrand se penche vers le petit monticule qui a attiré son attention. Qu'y a-t-il sous la neige ? Oh ! Un petit chat ! Il est à moitié mort de froid. Avec précaution, monsieur Bertrand dégage la pauvre bête. Et en serrant doucement le petit chat contre lui, il fait demi-tour vers sa maison. Curieusement, un sourire apparaît sur son visage. Sûr que demain, les gens le trouveront changé. S'ils demandent pourquoi, explique-leur donc l'histoire du petit chat.

La patinoire

1

Le thermomètre extérieur indique sept degrés au-dessous de zéro ! Les enfants sont ravis car, avec un temps pareil, ils vont s'en donner à cœur joie. Vêtus chaudement, ils ont préparé une longue et large patinoire au bout de l'impasse. Un à un, ils s'élancent de leur mieux et filent sur la glace luisante et lisse. Certains glissent debout, pieds en équerre ou joints ; d'autres accroupis, bras en avant ; d'autres encore, les habitués, les champions, les vedettes, plient les genoux et se relèvent trois fois avant d'atteindre le bout de la piste ! Le grand Louis réussit même à glisser sur un pied sous les yeux étonnés de ses compagnons. Jeannot sera-t-il aussi habile ?

2

Il prend son élan et hop ! perd l'équilibre. Sa tête heurte brutalement la glace… Les enfants éclatent de rire, sauf Louis : il a entendu le bruit du crâne contre la glace !

– Ce n'est pas grave ! dit-t-il en relevant Jeannot. Tiens, prends mon mouchoir et sèche tes larmes, sinon elles vont geler et former de petites glissoires pour les mouches.

Jeannot le regarde et sourit.

– Maintenant, lui dit Louis, je vais t'expliquer comment ne plus tomber…

Rêve d'hiver 3

Dans son profond sommeil d'hiver, Tico, le hérisson, fait un rêve incroyable. Il voit devant lui un immense panier de belles pommes vermeilles que lui a rapportées Tica, son amie.
Celle-ci lui interdit d'en manger :
– Si tu croques une seule de ces pommes, tu te transformeras en ver, lui dit-elle.
Tico ne croit pas à ces histoires. Et, une fois la nuit tombée, une irrésistible gourmandise le pousse jusqu'au panier.
« Pourquoi me transformerais-je en ver ? se dit-il. Ces pommes sont délicieuses. »
Et à belles dents, il dévore la plus grosse pomme. Il décide ensuite de faire la sieste.
Que va-t-il lui arriver ?

4

Tico ne sait plus comment se coucher.
De douloureuses crampes le saisissent au ventre.
« Ça va passer, se dit-il. J'ai trop mangé, c'est tout. »
Mais le mal ne passe pas, et voilà que Tico perd ses épines et qu'une queue lui pousse à la place des pattes.
« Mais que m'arrive-t-il ? Voilà que je ressemble à ces affreux vers ! » Il se souvient alors de l'avertissement de Tica. Pris de panique, il se réveille en sueur, observe ses pattes, puis ses aiguilles : rien n'a changé. Ouf ! Ce n'était qu'un mauvais rêve !

Saint Nicolas est venu

5

Jean-Luc et Mireille n'ont pas très bien dormi : maman et papa leur ont annoncé la visite de saint Nicolas ! Le cœur battant, les deux enfants descendent l'escalier sur la pointe des pieds et pénètrent avec précaution dans le salon... Quelle surprise ! Des jouets et des friandises se trouvent de chaque côté de la cheminée. À gauche pour Mireille et à droite pour Jean-Luc... Nos amis déballent tous les cadeaux, goûtent un bonhomme de pain d'épices, puis un cochon rose en massepain... Papa prend quelques photos et maman commence à préparer le petit déjeuner : croissants et chocolat chaud.

6

Mais ce repas ne les intéresse pas beaucoup aujourd'hui, tant ils sont occupés par leurs nombreux jouets. La journée entière, Jean-Luc et sa sœur s'amusent tant et plus.

– Il est temps d'aller au lit, mes chéris ! dit maman.

Mireille et son frère échangent un coup d'œil, puis placent un jouent et des friandises sur la cheminée.

– Saint Nicolas pourra les apporter aux enfants qui n'ont rien ! expliquent-ils.

– Nous sommes fiers de vous ! répond papa en les embrassant.

7

Incroyable !

Tous ceux qui connaissent bien Sophie le savent : elle a un petit ours brun fétiche qu'elle ne quitte jamais. Un jour, cependant, il lui est arrivé une bien curieuse aventure. Il avait beaucoup neigé et Sophie avait joué dehors avec ses amis toute la journée. Ils avaient d'abord commencé par faire un superbe bonhomme de neige qu'ils avaient coiffé d'un vieux chapeau de paille et emmitouflé dans une grande écharpe retrouvée dans la cave. Puis ils avaient fait de folles descentes en traîneau, et des batailles de boules, et des glissades dans la rue gelée… Mais au retour à la maison, quelle catastrophe pour Sophie : elle ne trouvait plus son ours brun !

8

– Je t'assure, Sophie, on le retrouvera demain, ton ours brun, avait dit papa en la couchant. Ne pleure pas… Nous irons le chercher ensemble. Peuplée de cauchemars, la nuit de Sophie avait été bien désagréable. Ce qu'elle ne savait pas, c'est que, le lendemain, comme papa l'avait senti, elle allait le retrouver, son petit ours. Et sais-tu bien où ? Dans l'écharpe, serré dans les bras du bonhomme de neige ! Jamais personne n'a compris comment il était arrivé là.

Que c'est bon !

9

Tous les cadeaux ne s'achètent pas.
Et bien souvent, les plus beaux sont ceux que l'on fabrique soi-même avec cœur et amusement. Chaque année, aux environs de la Saint-Nicolas, Carole et Michaël fabriquent des truffes en chocolat qu'ils vont ensuite offrir à leur bonne-mamy Marguerite. Cette année, c'est aujourd'hui le jour des truffes. Maman a réuni tous les ingrédients sur la table de la cuisine : il y a 200 grammes de chocolat, 60 grammes de beurre, 1 jaune d'œuf, 4 cuillerées à soupe de sucre glace, du cacao en poudre et une trentaine de petits moules en papier pour pouvoir déposer chaque truffe. Carole a décoré une boîte en paquet cadeau.

10

Pour Carole et Michaël, le moment le plus amusant de la préparation, c'est quand la pâte ramollie est bien refroidie et prête à être roulée.
Ils s'en mettent plein les doigts et sont ravis !
– Regardez celle-là comme elle est bien ronde, dit Michaël.
– La mienne est trop grosse, dit Carole. Elle est ratée, alors je la mange. Heureusement que maman surveille ses petits pâtissiers : il faut tout de même laisser des truffes pour bonne-mamy !

La vie s'arrête ? 11

Cette fois, l'hiver est proche. Il règne sur la campagne un silence total. Un grand halo lumineux entoure la lune. Il va geler. Le ciel est plein d'étoiles. Les animaux s'affairent à leurs derniers préparatifs : il faut beaucoup de nourriture, et surtout une maison qui les protège de la neige et du gel. La campagne lentement s'endort. Elle ne se réveillera qu'aux premiers rayons du soleil, au printemps, dans trois longs mois. Les animaux ont comme disparu. Toi non plus, tu ne sors guère en hiver et tu préfères la chaleur du foyer. Eh bien, les animaux aussi restent au chaud. Certains même, comme le hérisson, ont décidé de dormir !

Le cheval et le loup 12

C'est le printemps, les animaux ont quitté l'écurie et paissent maintenant dans les prés. Un loup affamé, rôdant par là, aperçoit un superbe cheval. Cependant, le cheval est bien grand pour le loup. Aussi, ce dernier décide-t-il de ruser.

– Savez-vous, cher ami, que dans ce pré, je connais toutes les plantes et leurs bienfaits. Si vous souffrez de quelque mal, dites-le-moi, je vous soignerai.

Le cheval, méfiant, comprend la ruse du loup et lui répond :

– Approchez, mon ami, une épine s'est logée sous mon sabot et me fait souffrir. Pourriez-vous soulager ma douleur ?

13

Sûr de son coup, le loup s'empresse auprès du cheval :
– Mais bien sûr ! Je vous soigne tout de suite et gratuitement.
Il approche son museau du sabot et… VLAN!
Le cheval, d'une ruade bien placée, met le loup hors de combat.
« C'est bien fait, se dit le loup fort triste, chacun à son métier doit toujours s'attacher. Pourquoi, ayant appris de mon père le métier de boucher, ai-je voulu, moi, tâter de la médecine ? »

Bons vœux

14

Que de travail pour Pedro, le facteur, en cette période de fêtes ! Il n'en peut plus, tant sa sacoche est chargée de cartes de vœux.
En plus, il fait froid et c'est si difficile de circuler sur les trottoirs glissants ! Bien sûr, il y a le sourire reconnaissant des gens à qui il distribue ces cartes.
Mais il a les doigts gelés et son épaule est fatiguée.
« Ah ! Si je pouvais un peu m'arrêter ! », pense-t-il parfois…

15

Mais … PATATRAS!
Voilà qu'il glisse sur un pavé givré.
Ouille ! Il s'est fait tellement mal
qu'il ne peut plus remuer la jambe.
Serait-elle cassée ?
– Eh bien oui ! lui dit-on à l'hôpital.
Pedro est à la fois ennuyé et soulagé.
Ce repos forcé ne lui fera pas de mal,
mais comme il va se sentir seul !
Brave Pedro !… Il ne sait pas encore
qu'en apprenant son accident, tout le quartier
s'est réuni pour lui écrire une belle lettre.
Pour une fois, les vœux seront pour lui !

Madame Neige

16

Une gentille petite fille habitait avec sa belle-mère et sa demi-sœur. Elle aimait faire plaisir. Un jour, dans le jardin, elle fit tomber le rouet dans le puits. La petite fille se pencha pour le reprendre, mais elle tomba elle aussi dans le puits et se retrouva dans un grand jardin. Très étonnée, elle aperçut une maison, vers laquelle elle se dirigea aussitôt. En chemin, elle vit un four où des petits pains cuisaient.

17

– Retire-nous, nous avons trop chaud, lui crièrent-ils.
La petite fille fit ce qu'ils demandaient. Un pommier surchargé de fruits gros et lourds lui dit :
– Veux-tu secouer mes branches pour faire tomber tous les fruits mûrs ?
La petite fille, serviable, soulagea de son mieux le pommier. Ensuite, elle frappa à la porte de la maison. Madame Neige vint ouvrir et lui demanda de l'aider dans ses tâches ménagères. Quand tout fut nettoyé, elle lui fit secouer des édredons et aussitôt tout le paysage fut recouvert de neige. Madame Neige, satisfaite, lui indiqua le moyen de rentrer chez elle. Passant sous le portail, la petite fille s'aperçut que les poches de son tablier se remplissaient de pièces d'or.

18

De retour chez elle, notre amie raconta son aventure et sa demi-sœur résolut de rapporter, elle aussi, un tel trésor, mais sans rendre le moindre service. Elle descendit dans le puits, arriva dans le jardin et ne voulut aider ni les petits pains, ni le pommier, ni madame Neige dans son travail ménager.
– Retourne donc d'où tu viens, lui dit alors madame Neige.
Et quand la méchante petite fille passa sous le portail, elle reçut sur la tête tout le contenu d'un tonnelet de goudron.

19

La clé

« Tiens ? se dit Isabelle en se penchant vers le dessous de l'armoire. On dirait qu'il y a quelque chose qui brille par là… Mais oui, c'est une clé. D'où peut-elle bien venir ? Je vais aller chercher Julien ; lui saura peut-être me dire s'il la reconnaît. »
– Non ! dit Julien. Je ne vois pas du tout d'où elle provient dans la maison. Si on allait l'essayer ? C'est peut-être la clé de la cave ?…
– Sûrement pas ! dit Isabelle. Elle est bien trop petite ! Elle ressemble plus à une clé d'armoire. Je parie que c'est celle de l'armoire où maman cache les biscuits et les bonbons… Zut ! Pas de chance ! Elle ne rentre pas dans la serrure. J'aurais pourtant bien aimé que ce soit celle-là !

20

Il y a déjà un bon moment qu'Isabelle et Julien cherchent l'origine de la mystérieuse clé.
– Il reste le petit cagibi sous l'escalier, dit Julien. Je tente un dernier essai là-bas.
Miracle ! Cette fois, ça y est. Mais…
– Qu'y a-t-il ? demande Isabelle. Pousse-toi un peu et laisse-moi voir.
Quelle joie pour les deux enfants ! Par hasard, ils viennent de découvrir l'endroit où sont rangées les guirlandes et les boules de Noël. Vite ! Il faut décorer la maison. C'est maman qui va être surprise !

C'est l'hiver !

21

Mais que se passe-t-il ?
Jeannot, le lapin, n'en croit pas ses yeux : la campagne s'est couverte d'un immense tapis blanc. Comme Jeannot n'a que trois mois, il n'a jamais vu de neige. Il court vite interroger sa maman :

– Maman, maman ! Je ne peux pas sortir, un énorme duvet blanc recouvre les champs.

Jeanne, sa maman, le rassure :

– N'aie crainte. Il a neigé cette nuit. Tu peux courir à travers les prés. Va donc t'amuser…

– Mais c'est tout froid, répond Jeannot. Accompagne-moi.

– Non ! J'ai à faire à la maison. Mais pourquoi ne pas aller chercher Jaco dans le terrier d'à côté ? Et enfile ton bonnet et une écharpe.

22

En quelques bonds, Jeannot arrive chez Jaco.
Son papa est anxieux :

– Veillez à bien vous cacher des chasseurs. Dans la neige, vous êtes des proies si faciles… Restez près du terrier.

Et voilà nos deux amis en train de se livrer à une sérieuse bataille de boules de neige. Puis, ils décident de construire un lapin de neige. Jeannot rassemble tout ce qu'il faut, tandis que Jaco pousse d'énormes boules de neige.

La fête de Noël

23

Les vacances d'hiver sont là !
– C'est fou ce que le temps passe vite !
soupire papa en déballant le sapin de Noël.
Aline et Pierrot apportent les deux boîtes contenant les lampes clignotantes, les guirlandes colorées et les boules décoratives. Monsieur Lebrun installe l'arbre de Noël sur une table basse puis vérifie le bon fonctionnement des lampes.
– Vous pouvez les placer ! dit-il. Ensuite, vous accrocherez les boules puis les guirlandes pour terminer.
Nos amis se mettent au travail de bon cœur. Quelle joie de garnir le sapin et de préparer la crèche. Le soir du 24 décembre, maman et papa offriront un petit cadeau à leurs enfants.

24

Mais quelle surprise les attend ?
À leur tour, ils vont recevoir un présent.
– J'espère qu'il vous plaira ! fait Aline en embrassant ses parents.
– C'est parce qu'on vous aime ! ajoute Pierrot, souriant.
Émus, monsieur et madame Lebrun déballent le colis et… C'est une photo ! Un agrandissement bien encadré de la famille Lebrun.
– Merci, mes chéris ! disent en chœur maman et papa.
– Nous sommes très heureux avec vous ! répondent Pierrot et Aline.

Repas en famille

25

Monsieur et madame Lebrun ont invité leurs parents pour le repas de Noël. Pendant que papa s'occupe des vins, apéritifs et autres boissons, maman, aidée de Pierrot et Aline, confectionne les différents plats.

– Moi, ce qui m'intéresse, c'est le dessert ! déclare Aline.

– Tu nous laisseras préparer la bûche ? demande Pierrot.

– Procédons par ordre ! explique leur mère. D'abord l'entrée froide : salade de crabe sur une feuille de laitue et rondelles d'œufs durs.

Cela terminé, les cuistots passent au plat suivant : le potage aux asperges...

Ensuite, une dinde farcie, accompagnée d'abricots, d'airelles et de croquettes de pommes de terre, constitue le plat principal.

– Quel festin ! s'émerveille Pierrot. Et la bûche ?

– La voilà ! fait madame Lebrun. À vous de la garnir... sérieusement.

– Tu nous connais ! sourit Aline.

– Justement ! répond maman sur un ton malicieux. Je vous...

Pierrot sort les pots de crème du frigo et Aline prépare les douilles à pâtisserie et la seringue.

– Goûtons la crème ! propose Pierrot. Peut-être est-elle tournée...

– C'est une bonne excuse ! approuve sa sœur sans hésiter.

– N'oubliez pas d'en laisser pour garnir la bûche ! rappelle maman, souriante.

– Vivement ce soir au dessert ! murmure Aline à l'oreille de son frère.

Hansel et Gretel

26

Il était une fois un couple de bûcherons très pauvres qui vivaient dans une cabane avec leurs enfants, Hansel et Gretel. Un jour, il n'y eut plus rien à manger. Le bûcheron décida d'abandonner ses enfants dans la forêt. Le lendemain, il partit donc avec Hansel et Gretel. Arrivé bien loin de leur habitation, le bûcheron alluma un feu. Il s'en alla ensuite, ayant recommandé aux petits de rester près du feu. En fin de journée, inquiets, Hansel et Gretel essayèrent de rentrer chez eux, mais ils ne connaissaient pas bien la forêt. Après avoir beaucoup marché, ils arrivèrent près d'une jolie petite maison.

27

Son toit était en chocolat, ses murs en pain d'épice et ses fenêtres en sucre' blanc. Les deux enfants, affamés, mordirent avec appétit dans le pain d'épice. Soudain, une vieille femme apparut sur le seuil. Elle leur donna à manger et les hébergea. En réalité, c'était une sorcière.
Elle enferma le garçonnet dans une cage, bien décidée à l'engraisser, tandis que la fillette faisait tous les travaux ménagers. Chaque matin, la sorcière tâtait un doigt du petit garçon pour voir s'il grossissait régulièrement.

28

Mais elle avait la vue basse et, chaque fois, Hansel lui tendait un petit os en lieu et place de son doigt. Finalement, la sorcière perdit patience. Maigre ou gras, elle allait le manger. Elle ordonna à Gretel de faire bouillir une grande bassine d'eau. Peu après, la fillette demanda à la sorcière de vérifier la température de l'eau. La vieille se pencha sur la bassine. D'un coup brusque, Gretel l'y fit basculer. Puis elle délivra son frère, et tous deux retrouvèrent enfin leurs parents.

Croctout a faim 29

Croctout, l'écureuil, n'avait plus de provisions et parcourait la forêt à la recherche de nourriture.

– Tu t'es montré trop gourmand, mon ami ! lui dit le chêne. Dans la vie, il faut être prévoyant.

– Cela ne m'arrivera plus ! promit le petit écureuil en pleurnichant.

– Regarde sous ce caillou : j'y ai caché des glands pour les imprudents.

– Tu es gentil ! remercia Croctout. Je me souviendrai de cette leçon !

Bal de la Saint-Sylvestre

30

La petite salle des fêtes de Bise-la-Ville est en ébullition : comme chaque année, le bal de la Saint-Sylvestre s'y déroulera et tous les villageois se réjouissent d'y participer. Mais cette année, monsieur le maire a confié la décoration de la salle aux enfants du village… et ceux-ci ont accepté avec plaisir cette tâche très importante.
Antonio, désigné comme responsable de l'opération, est un garçon bien organisé : avec lui, chacun sait exactement ce qu'il doit faire. L'équipe de Suzanne s'occupe des guirlandes à accrocher aux murs… Que manque-t-il encore ?

31

Les plus jeunes sont chargés de l'achat de faux nez, serpentins, chapeaux de toutes sortes et autres fantaisies. Le soir du réveillon, les villageois découvrent enfin le résultat.
– Magnifique ! commente le boucher.
– Superbe ! ajoute la boulangère.
– Toutes mes félicitations ! déclare la maîtresse d'école.
– Que la fête commence ! s'écrie le brasseur en déposant une bouteille de cidre sur chaque table. Buvons tous à l'année nouvelle !

Table des matières

Janvier

Février

Mars

Avril

Mai

Juin

Dépôt légal : 05.99/0058/120
ISBN : 2-8006-7193-9

N° d'impression : 39259902
Printed in India